새로운 세대를 위한

사기

史記

● 일러두기

1. 이 책은 북경 중화서국에서 간행한 사마천의 《사기》를 완역한 역자의 민음사판 《사기 열전》, 《사기 본기》, 《사기 세가》, 《사기 서》에서 73편을 선정하고 그중에서도 명장면만을 골라 번역문을 제시하고 해설을 덧붙인 것이다.
2. 원문에 충실하고자 직역 위주로 번역했다. 독자의 이해를 돕고자 부가한 말이나 원문과 역어가 다른 말은 [ ] 안에 넣었다.
3. 각 편의 소제목과 해설은 독자의 이해를 돕고자 역자가 붙인 것이다.
4. 맞춤법과 띄어쓰기는 한글맞춤법과 외래어표기법을 따르되 널리 통용되는 용어는 일부 예외를 두기도 했다(예: 장양→장량).
5. 단행본은 《 》, 개별 작품이나 논문은 〈 〉로 표시했다.

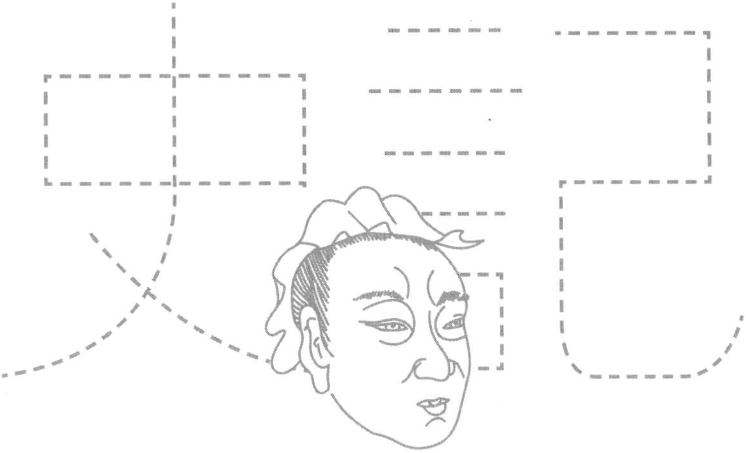

새로운 세대를 위한

사기

미래를 준비하는 당신에게 권하는 인간학의 고전

사마천 지음

김원중 엮어 옮김

Humanist

차례

제3부 자신을 믿고 결단하라

제5부 안목을 길러 미래에 대비하라

제6부 배려와 관용으로 아군을 만들어라

《사기》 속 명장면으로 배우는 삶의 지혜

위대한 역사가이자 탁월한 문장가인 사마천(司馬遷)이 궁형(宮刑)의 치욕을 견뎌 내고 자신의 혼을 담아 써낸 《사기(史記)》는 삶을 살아가는 지혜와 통찰이 깊이 밴 고전이다. '사기'라는 말은 글자 그대로 역사에 대한 기록을 뜻하는데 우리에게는 사기 가운데에서도 백미로 평가받는 〈열전(列傳)〉이 가장 잘 알려져 있다.

《사기》에는 국가의 존망과 개인의 생사를 넘나들며 고뇌하는 인물들이 펼치는 치열하고 처절한 생존의 몸부림이 고스란히 담겨 있다. 사마천은 차디찬 이성에 따스한 감성까지 동원하여 인간의 이면과 흥미진진한 인간사를 보여 주는 인간학의 고전 《사기》를 탄생시켰다. 만약 사마천이 신분 높은 제왕이나 성공한 사람들만 선별하여 그 겉모습만 다루었다면 《사기》의 엄청난 흡인력은 존재하기 힘들었을 것이다.

《사기》에 등장하는 당대를 풍미한 인물들 가운데에는 저마다 치욕을 견디며 최후의 승자가 되려고 노력을 기울인 사람들이 적지 않다. 건달인 듯 행세하다가 결국 항우(項羽)와의 싸움에서 이겨 천하를 차지하고 한(漢)나라를 건국한 유방(劉邦)이 있고, 형수로부터 냉대를 받고 갖은 고생 끝에 동방 6국의 재상이 된 소진(蘇秦)이 있다. 유세한답시고 초(楚)나라 제후를 찾아갔다가 죽도록 두들겨 맞고도 아내에게는 "내 혀가 붙어 있나 보시오."라고 여유를 부리면서 절치부심하여 결국 진(秦)나라 재상이 된 장의(張儀), 첩자로 몰려 변소에 버려져 빈객들의 오줌 세례를 받다가 가까스로 목숨을 건져 재상의 자리에 오른 범저(范雎), 서로 다른 환경에 사는 쥐 두 마리를 보고 깨달음을 얻어 진나라의 토대를 구축하게 된 이사(李斯), 동네 불량배들의 가랑이 사이로 기어가고 빨래하는 아낙에게 밥을 빌어먹다가 대장군을 거쳐 제후왕이 된 한신(韓信) 등. 이들은 그야말로 불가능하고 무모해 보이는 데서 결단력과 승부수를 발휘해 성공한 불굴의 인물들이며, 한결같이 치욕과 설움을 처절하게 곱씹으며 승자의 반열에 오른 자들이다.

나의 민음사판 완역본《사기 열전》,《사기 본기(本紀)》,《사기 세가(世家)》의 내용 가운데서, 그리고《사기 서(書)》에서 한 편을 가져와 총 73편을 선정해 그중 명장면을 골라 새롭게 구성하고 해설하여 2010년에《김원중 교수의 청소년을 위한 사기》를 출간했는데, 이 책은 그 개정판이다. 2015년에 개정판이 나온 민음사판《사기》에 맞추어 번역을 손보고 초판의 해설을 보완하였으며 새로 추가한 항목들도 있다.

시대를 넘어선 역사서의 명작으로 손꼽히는《사기》를 조금 더 쉽고 재미있게 읽을 수 있도록 하여, 누구든 언제든 펼쳐 보아도 좋지만 특히 청소년 및 사기를 처음 접하는 독자들이 도움을 얻기를 바라는 마음에서 해설을 덧붙여 내놓게 되었다. 승부와 결단, 겸손과 처신, 믿음과 배려 등 사람들과 사귀며 살아가는 데 가져야 할 몸가짐과 자세를 사기 속 인물들의 삶과 관련하여 살폈다. 〈열전〉에서 뽑은 것이 상대적으로 많지만 〈본기〉와 〈세가〉, 〈서〉의 장면들도 함께 실어 안배하고자 했다. 그 가운데에도 일반에 널리 알려진 것이면서 사마천이 전하고자 하는 메시지를 잘 드러내는 장면들을 우선적으로 가려 뽑았다. 시기적으로는 요(堯)임금부터 한무제(漢武帝)에 이르는 2000여 년의 시대를 두루 다루었으며, 각 장면은 원전의 내용을 그대로 살려 번역하여 원전의 의미를 고스란히 전달하고자 했다. 각 장면마다 나의 짤막한 논평과 보충 설명을 곁들여 역사적 맥락을 이해하는 데 도움이 되도록 했다. 《사기》 속 장면을 통해 역사적 인물들과 시공을 초월한 대화를 나누고 그들의 삶을 이해하는 것도 의미가 있을 것이다. 독자들이 앞으로 부딪힐 삶의 어려움들을 슬기롭게 극복하고 보람된 삶을 살아가는 데 유용한 지침이 되었으면 하는 바람이다.

사마천은 인물을 묘사할 때 그 내면을 파고들어 인간적 면모를 살피는데, 이러한 서술에는 이성적이고 냉철한 분석뿐 아니라 감성적이고 감각적인 접근 또한 반영되어 있다. 이를 통해 사마천은 자신이 구현하고자 하는 천도(天道), 즉 하늘의 도리가 옳은가 그른가 하는 데 대한 해답을 제시하고자 한 것이다.

사마천은 치열하게 자신의 삶을 살다 간 인물들의 실패와 성공, 좌절과 재기(再起) 등을 이야기한다. 다루는 인물들의 유형 또한 매우 다양하여 역사의 승자와 패자를 함께 담았다. 승자와 패자가 공존한다는 사실은 역사의 필연적 법칙이기도 하지만, 성공과 패망 사이의 간극은 그리 크지 않다는 것이 사마천의 시각이다.

우리가 원하든 원하지 않든 승자만이 살아남는 것이 현실이다. 강자만이 살아남는 정글의 법칙에서 헤어나지 못하는 한 우리의 삶은 거칠고 메마른 것이 될 수밖에 없다. 그러나 궁형을 받은 사마천이《사기》를 통해 역사 속에서 재기했듯이, 우리도 승자와 패자, 성공과 실패라는 이분법에서 벗어나 진리를 찾을 필요가 있다. 성공한 사람들은 좀 더 겸허해지고 그렇지 못한 사람들은 발분하여 노력하면서 통찰의 지혜를 터득해 나가야 하지 않겠는가? 사는 방식에 대해 성찰할 기회를 가짐으로써 어떤 방식의 삶을 살아가든 그 나름의 존재 이유를 찾을 수 있을 것이다.

2017년 2월

김원중

해제

1. 《사기》는 인간의 이야기다

동양을 넘어 전 세계의 고전으로 손꼽히는 《사기》는 사마천이 아버지 사마담(司馬談)의 유언을 받들어 집필한 역사서로 중국 고대 전설상의 제왕 황제(黃帝) 시대로부터 자신이 살았던 한무제(漢武帝) 때까지 2000여 년을 다루었다. 특히 주(周)나라가 붕괴되면서 등장한 제후국 50개 가운데 최후까지 살아남은 전국 칠웅(戰國七雄), 즉 진(秦)을 비롯한 한(韓)·위(魏)·제(齊)·초(楚)·연(燕)·조(趙) 등의 흥망성쇠 과정은 제왕과 제후 또 그들을 위해 일했던 인물들을 중심으로 되어 있어 인간사에서 일어날 수 있는 거의 모든 일을 긴장감 있는 문체로 적은 기록이라 할 수 있다.

《사기》의 전편에서는 사람 냄새가 물씬 풍긴다. 예를 들어 〈자객 열전(刺客列傳)〉은 지조를 지키고자 죽는 충신과 자신을 알아주는 사람을 위해 죽는 선비들의 세계를 보여 준다. 〈편작창공 열전(扁鵲倉公列傳)〉은 한의학의 역사와 임상 과정을 자세히 기록한 한의학의 필독 명편이다. 이 편에서는 의사가 갖추어야 할 자세, 병을 고칠 시기, 고칠 수 없는 여섯 가지 질병, 병에 따라 처방이 달라지는 이유 등을 서술하고 있다. "질병은 징후가 나타날 때 고쳐야 한다."라는 편작의 명언은 현대인들에게도 소중한 교훈일 것이다.

〈화식 열전(貨殖列傳)〉은 구체적 실례를 들어 가며 큰돈을 버는 방법을 언급하고 있는데, 현대판 경영학 원론으로 삼아도 좋을 만큼 놀라운 탁견으로 가득하다. 입고 먹는 것이 다스림의 근원이라는 관점 아래 물건과 돈을 흐르는 물처럼 유통시켜야 한다는, 당시로서는 혁명적인 원칙을 설파한다. 재물을 축적하는 데에는 상업이 최상의 방법이며 돈을 벌 수 있다면 직업에 귀천이 없다는 주장은 정통 유가의 가르침과 상당 부분 배치되는 것이어서 눈길을 끈다.

2. 사마천, 그는 누구인가?

사마천(기원전 145년?~기원전 90년?)은 자(字)가 자장(子長)이며 용문(龍門) 섬서성(陝西省) 한성시(韓城市) 출신이다. 그의 아버지 사마담은 한 무제 때 태사령(太史令)에 임명되면서 도가를 받들기도 했다. 사마담은 당대의 저명한 지식인들에게 천문학과《주역(周易)》및 음양의 원리 등을 배웠다. 사마천은 어려서 집에서 공부하다가 열 살 때 아버지를 따라 수도 장안(長安)에 와서 그 당시 경학대사인 동중서(董仲舒)와 공안국(孔安國)에게 고문을 배웠다. 스무 살 때 여행을 시작하여 중국 전역을 두루 다녔으며 돌아온 후에는 낭중(郎中)에 올랐다. 또다시 무제를 따라 순행하면서 거의 온 나라를 주유했다. 어디를 가든지 고적을 탐방하고 자료를 수집했다. 사마천이 낙양(洛陽)에서 아버지와 만났을 때, 아버지가 그의 손을 잡고 반드시 역사서를 집필하라고 당부한 뒤 세상을 떠났다. 사마담이 죽은 후 삼 년이 지나 무제 원봉(元封) 3년(기원전 108년)에 사마천은 태사령이 되어 무제의 시종을 들면서 천제(天帝)에 제사 드리는 봉선(封禪)에 참여하기도 하고 역법을 개정하기도 했다. 그는 부친의 유업을 계승하기 위해 국가의 장서가 있는 석실금궤(石室金匱)에서 수많은 자료를 정리하고 수집하면서 사 년의 준비 기간을 거친 뒤 태초(太初) 원년(기원전 104년)에 정식으로《사기》집필을 시작했다.

그런데 의외의 사건이 발생했다. 천한(天漢) 2년(기원전 99년) 전한의 명장 이광(李廣)의 손자 이릉(李陵)이 군대를 이끌고 가서 흉노와 싸우다가 투항한 것이다. 그 당시 사람들은 이는 이씨 가문의 명예에 먹칠을 한 것일 뿐만 아니라 한나라 조정의 체면도 깎아내린 것이라고 여겼다. 그러나 사마천은 이릉이 어쩔 수 없이 투항했다고 여겼고 홀로 무제 앞에 나아가 적극적으로 변호했다. 결국 그는 무제의 노여움을 사 감옥에 갇히고 말았다. 일 년 후 그에게 내려진 선택지는 세 가지였다. 첫째 법에 따라 주살될 것, 둘째 돈 50만 전을 내고 죽음을 면할 것, 셋째 궁형을 감수할 것이었다. 사마천은 두 번째 방법을 취하고 싶었으나 중인(中人)에 불과했던 그가 그런 거액을 낸다는 것은 불가능했고 결국 마지막 방법을 선택했다. 목숨만이라도 부지하여 부친의 유지를 받들기로 한 것이다.

그로부터 오 년 후(기원전 93년) 그의 친구 임안(任安)의 추천을 받아 무제의 곁으로 다시 돌아오게 되었다. 이때는《사기》의 집필이 대체로 마무리된 시점이었다. 아버지의 유언을 받든 지 이십 년 만이었다. 집필을 완성하고 몇 년 뒤 그는 세상을 떠났다.

3. 사마천이《사기》를 쓴 목적은 무엇인가?

이에 대한 답은 전서의 서문 격으로 〈열전〉의 맨 마지막에 있는 〈태사공 자서(太史公自序)〉에 마련되어 있는데 정리하면 이러하다.

첫째, 마음의 울분을 어떻게든 표출하려는 발분(發憤) 의식의 소산이다. 궁형을 당한 것은 목숨을 이어 가기 위한 구차한 행위가 아니라 글을 지어 후세에 이름을 남기기 위한 피할 수 없는 선택이었다.

둘째, 공자(孔子)가《춘추(春秋)》를 서술한 방식에 바탕을 두고 후세 사람들에게 도덕적 규범을 제시하여 미언대의(微言大義) 곧 작은 말 속의 큰 의미를 느낄 수 있도록 하기 위한 것이다.

이외에 사마천이 태사령(太史令)이라는 자기 직분에 충실하면서 순수하게 개인의 자격으로 저술에 임했다는 점을 눈여겨봐야 한다. 사마천은 태사령으로 있으면서 궁궐에 소장된 모든 자료를 쉽게 접할 수 있었고, 또 마음만 먹으면 자료 수집을 위하여 유적을 답사할 수도 있어

지역 사람들에게서 자세한 이야기를 전해 들을 기회도 적지 않았을 것이다.

사마천은 아버지와 함께 무제 곁에 있으면서 절대 권력자의 영토 확장 야욕과 그로 인해 야기된 현실적인 문제점들을 직접 눈으로 보았다. 또한 무제를 수행하여 각종 성대한 의전 장면이나 열병 의식 및 수렵 활동 등을 보면서 당시의 시대 정신을 터득하기도 했다.

《사기》라는 명칭은 사마천 자신이 직접 붙인 것은 아니다. 사마천이 세상을 떠난 뒤《태사공서(太史公書)》또는《태사공기(太史公記)》로 불렸는데,《태사공기(太史公記)》의 약칭이 바로《사기(史記)》다. 위(魏)나라 건안(建安) 연간에 순열(荀悅)이 지은《한기(漢紀)》라는 책의 권 30에 '태사공사마천사기(太史公司馬遷史記)'라는 말이 나오면서 '사기'라는 말이 '태사공서'라는 명칭을 정식으로 대체하게 되었다. 이는 사마천이《사기》를 완성한 지 대략 300년 정도의 시간이 흐른 뒤다.

4.《사기》는 어떻게 구성되어 있는가?

《사기》는 〈본기〉 12편, 〈표(表)〉 10편, 〈서〉 8편, 〈세가〉 30편, 〈열전〉 70편 등 모두 130편으로 이루어져 있다. 이 다섯 부분은 서로 긴밀하게 연계되어 있어 비슷한 내용이 다른 편에도 있는 경우가 적지 않다.

〈본기〉는 오제(五帝)부터 한무제에 이르기까지 천하에 권력을 행사하던 왕조나 군주들의 사적을 연대순으로 엮어 기록한 것이고, 〈표〉는 각 시대의 역사에 대한 연표로서 역사 발전을 다섯 단계로 정리하고 있다. 다섯 칸으로 나누어 각 칸의 맨 앞에는 연원을 기록하고, 그 아래 칸에서 내용을 다룬다. 각 편에 있는 서(序)는 〈표〉에서 다룬 역사를 간략하게 논평한다.

〈서(書)〉는 정치, 사회, 문화, 과학, 천문학 등과 같은 전장 제도(典章制度)를 기록하고 있어서 문화사나 제도사의 성격을 갖는다.

〈세가〉는 제왕보다 낮은 위치인 봉건 제후들의 나라별 역사 기록이다. 제후들 외에 황제의 친척과 공훈을 세운 신하 등도 다룬다. 특히 공자(孔子), 그리고 왕을 칭한 지 육 개월 만에 망한 진섭(陳涉)이 포함되어 있는 점이 이채롭다.

〈열전〉은 제왕과 제후를 위해 일했던 인물들의 전기를 주로 수록하는데 신분을 초월해 다양한 인물들이 포진해 있다.

사마천은 자신이 입수한 문헌 가운데에서 될 수 있는 대로 도덕적 기여도가 높은 인물들을 먼저 고르고 거기에 평가를 더했다. 선을 행하는 자는 복을 받고 그러지 않는 자는 화를 입게 된다는 평범한 진리를 독자에게 일깨워 주고자 한 것이다.

만일 어떤 인물의 행동에서 본받을 만한 가치가 전혀 없으면 아예 그를 무시했다. 진나라 말기에 권력을 휘둘렀던 환관 조고(趙高)의 경우, 〈이사 열전〉 등 다른 인물들의 열전을 통해서만 볼 수 있다.

백미 중의 백미인 〈열전〉의 독특한 서술 방식은 사마천이 인물의 비중을 어떻게 고려했는지 보여 준다. 독자에게 극적 효과를 전달하기 위하여 대립되는 인물을 같은 편에 넣어 놓은 경우도 많다. 또한 유림, 혹리, 자객, 유협, 골계 등 유사한 직업군을 한데 묶어 연속된 편에 둠으로써 인물을 체계적으로 분류했다.

《사기》의 독특한 인물군과 사마천 사상의 면모는, 역사는 결코 권력을 지배하는 자의 것이 아니라는 시각에서 출발하고 있다.

《사기》 130편 가운데 인물 전기로 구성된 것은 112편인데, 이 중에서 57편은 자기 관리에 실패한 비극적 인물의 이름으로 편명을 삼았다. 이러한 인물들의 사례에는 자신의 삶을 좀 더 처절하게 되뇌어 보라는 경고가 배어 있는 것이다. 또 다른 편을 통해 사마천은 어떻게든 험난한 시대에서 살아남아 자신의 입지를 개척한 자들을 다루고 있다. 오늘날 우리에게 성인으로 추앙받는 공자도 자신을 써 달라고 제후들을 찾아다니며 무려 십오 년 동안이나 구직 활동을 한 집념가로 거론될 만하다. 사마천 자신이 궁형을 당했기에 이러한 유형의 인물들에게 미묘한 동류의식과 연민을 느꼈을 것이다.

《사기》 이전의 중국 역사서는 매년 매달 매일의 역사적 사건을 연대순으로 기록하는 방식을 취했으니, 《춘추》나 《서경(書經)》 등 거의 모든 역사서가 이와 유사한 방식으로 구성되었다. 다만 《춘추》 다음에 쓰인 《국어(國語)》나 《전국책(戰國策)》이 단순한 연대순에서 벗어나 국가별 서술 원칙에 의거하여 연대순으로 배열되었는데, 그 역시 연대기적 순서라는 큰 틀은 벗어나지 못하고 있다.

중국 고대 역사서의 세 가지 편찬 체제인 편년체(編年體), 기사본말체(紀事本末體), 기전체(紀傳體) 가운데 기전체의 효시가 《사기》이다. 〈본기〉와 〈열전〉이 기전체로 구성되었는데, 먼저 시대 순으로 제왕의 언행을 정리한 뒤 당시의 정치, 경제, 군사, 문화, 외교 등 중대한 사건을 서술하고 제왕이나 제후를 보좌한 개인들의 이야기를 서술하고 있다.

사마천은 자신이 기술하고자 하는 시대의 사회 구조와 그 내부의 발전상, 인물과 사건 및 제도 등 그 사회가 가진 제반 현실에 역사적 해석을 더하고자 했다. 그가 사료 해석에 충실하면서도 역사의 발전적 흐름과 사물의 본질을 통찰하는 날카로운 안목을 보여 주었기에, 오늘날까지도 《사기》가 지혜로운 삶의 지침서로서 왕성한 생명력을 자랑하는 것이다.

제1부

자신을 딛고 일어서서 승부하라

가랑이 사이로 기어 나가는 용기

01

회음후 열전
淮陰侯列傳

회음후(淮陰侯) 한신(韓信)은 회음 사람이다.[1] 처음 평민일 때에는 가난한 데다 방종했으므로 추천을 받아 관리가 될 수도 없고 또 장사를 해서 살아갈 능력도 없어, 항상 남을 따라다니며 먹고살아 사람들이 대부분 그를 싫어했다. 일찍이 [회음의 속현(屬縣)인] 하향(下鄕)의 남창(南昌) 정장(亭長)[2]의 집에서 여러 번 얻어먹은 일이 있었다. 몇 달이 지나자 정장의 아내는 한신을 귀찮게 여겨, 새벽에 밥을 지어 이불 속에서 먹어 치우고는 한신이 식사 시간에 맞춰

---

1 강소성(江蘇省) 회음현(淮陰縣)을 가리킨다. 한신의 고향이자 한신이 실각(失脚)한 뒤의 봉지(封地)여서 한신을 회음후(淮陰侯)라고 부른다.

2 마을의 우두머리.

가도 밥을 차려 주지 않았다. 한신도 그 뜻을 알고는 화가 나서 마침내 발길을 끊었다.

한신이 성 아래에서 낚시를 하고 있었다. 무명 빨래를 하던 아낙네들 가운데 한 아낙이 한신이 굶주린 것을 보고 밥을 주었는데 빨래를 다할 때까지 수십 일 동안 그렇게 했다. 한신이 기뻐하며 아낙에게 말했다.

"내 반드시 은혜에 크게 보답하겠소."

아낙이 화를 내면서 말했다.

"사내대장부가 스스로 먹고살 능력도 없기에 내가 왕손(王孫)[3]을 가엾게 여겨 밥을 드렸을 뿐인데 어찌 보답을 바라겠습니까?"

회음의 백성 중 한신을 업신여기는 한 젊은이가 한신에게 말했다.

"네가 비록 키는 커서 칼을 잘도 차고 다니지만 마음속으로는 겁쟁이일 것이다."

그러고는 사람들 앞에서 한신을 모욕하며 말했다.

"네놈이 죽일 수 있으면 나를 찌르고, 죽일 수 없으면 내 가랑이 사이로 기어 나가라."

한신은 그를 한참 동안 물끄러미 바라보다가 몸을 구부려 가랑이 밑으로 기어 나갔다. [이 일로 해서] 시장 사람들이 모두 한신을 겁쟁이라고 비웃었다.

---

3 당시에 사내를 일상적으로 높여 부르던 말이다.

해설

치욕을 견디는 자가 살아남아 기회를 잡는 법이다. 한신은 온갖 수모를 겪으면서도 어둠 속에서 묵묵히 자신을 길러 나갔다. 훗날 출세하고 나서 한신은 자신에게 가랑이 밑을 기어가게 한 자에게도 벼슬을 주었고, 빨래하던 아낙을 불러 그에 상응한 보답을 해 주는 등 옛일을 떠올리며 겸허한 처신을 하려고 했다. 그러나 그 역시 나중에는 주변의 충언을 듣지 않고 반란을 꾀하다가 결국 죽음을 맞게 된다. 한나라 초 유방을 도와 천하를 나누어 가졌던 많은 공신처럼 비극적으로 삶을 마감하며 토사구팽(兎死狗烹)[4]의 주인공이 되고 만 것은 한신의 한계였고 비극이었다.

4 토끼가 죽으면 사냥개도 필요 없게 되어 주인에게 삶아 먹힌다는 뜻.

내 혀를 보시오

02

장의 열전
張儀列傳

장의(張儀)는 위(魏)나라 사람이다. 일찍이 소진(蘇秦)과 함께 귀곡(鬼谷) 선생을 스승으로 모시고 유세술(遊說術)[합종술과 연횡술]을 배웠는데, 소진은 스스로 장의에게 미치지 못한다고 생각했다.

장의는 학업을 마치자 유세하러 제후들을 찾아갔다. [장의는] 일찍이 초(楚)나라 재상과 함께 술을 마신 적이 있었는데, 얼마 후 초나라 재상이 구슬을 잃어버렸다. [재상의] 문하 사람들이 장의를 의심하며 말했다.

"장의는 가난하고 행실이 좋지 않습니다. 틀림없이 그자가 재상의 구슬을 훔쳤을 것입니다."

그러고는 모두 함께 장의를 붙들어 수백 번 매질을 했으나, 장의가 구슬을 훔쳤다고 말하지 않으므로 풀어 주었다.

장의의 아내가 말했다.

"아! 당신이 글을 읽어 유세하지 않았던들 어찌 이런 수모를 겪었겠습니까?"

그러자 장의는 아내에게 말했다.

"내 혀가 아직 붙어 있는지 보아 주시오."

장의의 아내가 웃으면서 말했다.

"혀는 남아 있네요."

장의가 말했다.

"그럼 됐소."

해설

사마천은 세 치 혀를 무기 삼아 여러 나라를 돌아다니며 부귀를 좇던 유세가들의 일화를 여러 편 소개했다. 뛰어난 유세가였던 장의의 필살기는 '혀'였다. 그런 까닭에 아내에게 혀가 붙어 있는지 물어 본 것이다. 혀가 없다면 미래를 기약할 수 없기 때문이다. 장의는 이후 절치부심하여 유세술을 익혀 진나라의 전국 통일에 확실한 기여를 하게 된다. 이 일화는 장의가 험난한 시대를 살아가는 무기가 '여유'였다는 것을 보여 준다. 힘든 상황에서도 그는 짐짓 여유를 부리며 아내를 안심시킨다. 그러나 이런 수모를 겪게 한 초나라 재후를 잊지 않고 가슴속에 담아 두었다가 나중에 진나라 재상이 되자 이렇게 경고했다. "지난날 내가 당신과 술을 마셨을 때 나는 당신 구슬을 훔치지 않았건만 당신은 나를 매질했소. 이제 당신은 나라를 잘 지키시오. 나는 당신 나라의 성읍을 훔칠 것이오."

● 합종연횡(合從連衡)

중국 전국 시대에 소진은 서쪽의 강국 진(秦)나라에 대항하려면 남북으로 위치한 한(韓)·위(魏)·조(趙)·초(楚)·연(燕)·제(齊)의 여섯 나라가 동맹해야 한다고 주장했다. 그러나 장의는 진나라가 이들 여섯 나라와 횡으로 각각 동맹을 맺어 다른 나라를 공격하는 전략을 주장했다. 소진의 합종술과 장의의 연횡술을 아울러 '합종연횡'이라고 한다.

죽어서라도 오나라의 멸망을 보겠다

03

오자서 열전

伍子胥列傳

월(越)나라 왕 구천(句踐)이 고소(姑蘇)에서 맞아 싸워 오(吳)나라를 무찌르고 합려(闔廬)의 손가락에 상처까지 입히자 오나라는 군사를 물렸다. 그 뒤 합려는 상처가 커져 죽음에 이르게 되어 태자인 부차(夫差)에게 이렇게 말했다.

"너는 구천이 네 아비를 죽인 일을 잊겠느냐?"

부차가 대답했다.

"감히 잊지 않을 것입니다."

그날 저녁 합려가 죽었다. 부차는 왕위에 올라 백비(伯嚭)를 [왕실 안팎의 일을 처리하는] 태재(太宰)로 삼고 [군사들에게] 싸우는 법과 활쏘기를 가르쳤다. 그는 이 년 뒤에 월나라를 공격하여 부초산(夫椒山)에서 승리를 거두었다. 월나라 왕 구천은 남은 병사 5000명을 이끌고 회계산(會稽山) 위에 머물면서 대부 문종(文種)을 시켜 오나라 태재 백비에게 많은 선물을 보내 화해를 청하고, 월나라를 오나라에 바쳐 자신은 오나라 왕의 신하가 되고 자기 아내는 그의 첩이 되도록 하겠다고 했다. 오나라 왕이 이 요청을 받아들이려고 하자 오자서(伍子胥)가 간언했다.

"월나라 왕은 사람됨이 힘든 고통도 잘 견뎌 내는 자이니, 지금 왕께서 없애지 않으면 훗날 반드시 후회할 것입니다."

그러나 오나라 왕은 [오자서의 말을] 듣지 않고 태재 백비의 계책에 따라 월나라와 친교를 맺었다.

오나라 왕은 그로부터 오 년 뒤에 제(齊)나라 경공(景公)이 죽었으나 대신들은 권력 다툼이나 하고 새 군주도 유약하다는 말을 듣고 곧장 군사를 일으켜 북쪽으로 제나라를 치려고 했다. 그러자 오자서는 간언했다.

"구천은 밥을 먹을 때 반찬이 하나이며 문상과 문병을 다니고 있으니 장차 그들을 요긴하게 쓰려고 하기 때문입니다. 그를 죽이지 않으면 반드시 오나라의 걱정거리가 될 것입니다. 지금 오나라에 월나라가 있다는 것은 배 속에 병이 생긴 것과 같습니다. 그럼에도 왕께서는 월나라를 먼저 없애려 하지 않고 제나라를 치는 데만 힘쓰고 있으니, 어찌 잘못된 일이 아니겠습니까?"

그러나 오나라 왕은 [오자서의 말을] 듣지 않고 제나라를 쳐서 제나라 군사를 애릉(艾陵)에서 크게 무찌르고 그 여세를 몰아 추(鄒)나라와 노(魯)나라 군주까지 협박하고 돌아왔다. 그 뒤로 오나라 왕은 오자서의 계책을 더욱 멀리했다.

사 년 뒤에 오나라 왕은 [또] 북쪽으로 제나라를 치려고 했다. 이때 월나라 왕 구천은 공자의 제자인 자공(子貢)의 계책을 받아들여 군사를 이끌고 오나라를 도우면서 한편으로는 태재 백비에게 귀중한 보물을 바쳤다. 태재 백비는 이미 월나라 왕이 주는 뇌물을 여러 차례 받았기 때문에 월나라 왕을 유달리 좋아하고 믿어 밤낮을 가리지 않고 오나라 왕에게 월나라 왕을 좋게 이야기했다. 오나라 왕은 백비의 계책을 믿었다. 오자서가 간언했다.

"월나라는 배 속에 생긴 병인데도 지금 왕께서는 월나라 왕의 허황된 거짓말을 믿고 제나라를 넘보고 있습니다. 제나라를 쳐서 빼앗는다 해도 황폐한 땅이라 아무런 쓸모가 없습니다. 또 《서》 〈반경지고(盤庚之誥)〉에 '옳고 그른 것을 거스르고 공손하지 않은 사람에게는 가볍게는 코를 베고 무겁게는 목을 베어 이 땅에 악의 씨가 자라지 못하게 하라.'라고 했습니다. 이것이 상(商)나라가 흥성하게 된 까닭입니다. 원컨대 왕께서는 제나라를 치려는 마음을 접어 두고 먼저 월나라를 처리하십시오. 만약 그렇게 하지 않으면 나중에 후회해도 소용이 없을 것입니다."

그러나 오나라 왕은 이 말을 듣지 않고 오자서를 제나라에 사신으로 보냈다. 오자서는 돌아오기에 앞서 아들에게 말했다.

"나는 왕께 여러 차례 간언했으나 왕은 내 말을 듣지 않았다. 이제 곧 오나라가 망하는 날을 보게 될 것이다. 네가 오나라와 함께 죽는 것은 덧없는 일이다."

그러고는 아들을 제나라의 포목(鮑牧)[5]에게 맡기고, 오나라로 돌아와 제나라의 정세를 보고했다.

오나라의 태재 백비는 일찍부터 오자서와 사이가 나빴으므로 오자서를 이렇게 헐뜯었다.

"오자서는 사람됨이 굳건하고 사나우며 정이 없고 시기심이 강하므로 그가 왕께 원한을 품고 있어 깊은 화근이 될까 걱정스럽습니다. 예전에 왕께서 제나라를 치려고 할 때 오자서는 불가하다고 했지만 왕께서는 결국 제나라를 쳐서 큰 공을 세우셨습니다. 오자서는 자신의 계책이 받아들여지지 않은 것을 부끄럽게 여기며 원망을 품었습니다. 지금 왕께서 다시 제나라를 치려고 하는데 오자서는 고집스럽게 간언하여 왕께서 병사를 내는 것을 막으려고 합니다. 이것은 오직 오나라가 싸움에 져서 자기 계책이 옳았다고 입증되기를 원하는 것일 뿐입니다. 지금 왕께서 직접 전쟁터로 나가 나라 안의 병력을 모두 동원하여 제나라를 치려고 하는데, 오자서는 자신의 간언이 받아들여지지 않았다 하여 전쟁터로 나가지 않으려고 병을 핑계 삼아 관직에서 물러났습니다. 왕께서는 이에 대한 대비책을 세우셔야만 합니다. 그가 재앙을 일으키는 것은 별로 어려운 일이 아닙니다. 또 신이 몰래 사람을 시켜 알아보니 오자서는 제나라에 사신으로 갔을 때 자기 아들을 제나라의 포씨에게 맡겨 두었다고 합니다. 오자서는 신하가 된 몸으로 나라 안에서 뜻을 이루지 못했다고 하여 밖으로 제후들에게 기대려고 하며, 선왕의 모신(謀臣)이던 자신이 지금은 버림받았다고 생각하여 늘 원망하고 있습니다.

---

5 포숙(鮑叔)의 후손으로 알려져 있으나 이때 포목은 죽은 지 4년이 지난 시점이었으므로 포씨(鮑氏)라고 하는 것이 옳다.

원컨대 왕께서는 빨리 이에 대한 대책을 세우십시오."

오나라 왕이 말했다.

"그대의 말이 아니더라도 나 역시 그를 의심하고 있었소."

오나라 왕은 사신을 보내 오자서에게 촉루(屬鏤)라는 칼을 내리고 이렇게 말했다.

"그대는 이 칼로 자결하라."

오자서는 하늘을 우러러보며 탄식했다.

"아! 참소(讒訴)를 일삼는 신하 백비가 나라를 어지럽히고 있는데 왕은 도리어 나를 죽이려 하는구나! 나는 그의 아버지를 제후의 우두머리로 만들었고, 그가 임금이 되기 전 공자들끼리 태자 자리를 놓고 다툴 때 죽음을 무릅쓰고 선왕에게 간해 그를 후계자로 정하게 했다. 그렇게 하지 않았다면 그는 태자가 될 수 없었을 것이다. 그가 왕위에 오르고 나서 내게 오나라를 나누어 주려고 했을 때도 나는 바라지 않았다. 그런데 지금 그는 간사한 신하의 말만 듣고 나를 죽이려 하는구나."

그러고는 가신들에게 말했다.

"내 무덤 위에 가래나무를 심어 관을 짤 목재로 쓰라. 아울러 내 눈을 빼내 오나라 동문(東門)에 매달아 월나라 군사들이 쳐들어와 오나라를 멸망시키는 것을 볼 수 있도록 하라."

그러고는 스스로 목을 찔러 죽었다.

오나라 왕은 이 말을 듣고 몹시 화가 나서 오자서의 시체를 말가죽으로 만든 자루에 넣어 강물에 내던져 버렸다. 오나라 사람들은 그를 가엾게 여겨 강 언덕에 사당을 세우고 서산(胥山)이라고 불렀다.

● 해설 ●

처절한 패배를 당한 월나라 왕 구천을 오나라 왕 부차는 살려 주었다. 오자서가 구천을 제거하지 않으면 후에 반드시 후회할 것이라고 간언했지만 부차는 그 말을 듣지 않고 구천을 사면했다. 하지만 오자서의 예상대로 구천은 조국으로 돌아가 쓰디쓴 쓸개를 핥으며 복수를 다짐했다. 설욕을 준비하던 구천은 절세미인 서시를 부차에게 보냈다. 구천의 계략대로 부차는 서시에게 빠져 판단력이 흐려졌고 오자서를 죽게 했다. 이후 복수를 노리던 구천은 부차를 조금씩 궁지로 몰아갔고 결국 성을 포위당한 부차는 자살하고 만다. 죽음을 앞둔 부차는 저세상에서 오자서를 볼 면목이 없다며 얼굴을 검은 수건으로 가린 채 숨을 거두었다. 처절한 복수가 준비되고 있다는 사실을 오자서는 알았지만 부차는 몰랐던 것이다.

● 와신상담(臥薪嘗膽)

불편한 장작더미에 누워 자고 쓰디쓴 쓸개를 맛본다는 뜻으로, 오나라와 월나라의 싸움에서 유래한 말이다. 오나라의 왕 부차는 아버지의 원수를 갚기 위해 장작더미 위에서 잠을 자며[와신(臥薪)] 월나라 왕 구천에게 복수할 것을 맹세했고, 그에게 패배한 월나라 왕 구천은 쓸개를 핥으면서[상담(嘗膽)] 복수를 다짐했다. 이후 '와신상담'은 원수를 갚거나 마음먹은 일을 이루기 위해 어려움과 괴로움을 참고 견디는 것을 가리키는 말로 쓰이게 되었다.

자기 몸이 바르면 명령하지 않아도 시행된다

04

이 장군 열전

李將軍列傳

◉ 이광(李廣)이 사냥을 나갔다가 풀숲에 있는 돌을 호랑이로 잘못 보고 활을 쏘았더니 그 화살촉이 돌 속으로 들어가 버렸다. 자세히 보니 돌이었으므로 한 번 더 쏘았으나 [화살촉이 박혀] 그 이상 들어가지 않았다. 이광은 자신이 부임한 군에 호랑이가 있다는 소리를 들으면 일찍이 혼자 나가서 활로 쏘곤 했다. 우북평에 있을 때 이광의 화살을 맞은 호랑이가 달려들어 그에게 상처를 입혔지만, 결국 이광이 호랑이를 쏘아 죽인 적도 있었다.

이광은 청렴하여 상을 받으면 그것을 번번이 부하들에게 나눠 주었고 음식도 병사들과 함께 먹었다. 이광은 죽을 때까지 사십여 년에 걸쳐 봉록 2000석을 받는 관직에 있었으나 집에 남아 있는 재물이 없었으며 집안의 재산에 대해서 말하는 일이 없었다.

이광은 태어날 때부터 키가 크고 팔이 원숭이처럼 길었다. 그가 활을 잘 쏘는 것은 천부적 재능이어서 그 자손이나 남들이 아무리 배워도 이광에게 미치지 못했다. 이광은 말을 더듬고 말수가 적었으며, 다른 사람과 한가하게 있을 때는 땅바닥에 군사 진형(陣形)을 그려 놓고, 또 땅의 넓고 좁은 것을 재어 표적을 만든 뒤 활을 쏘아 누가 멀고 가까운가를 비교하여 내기 술을 마시곤 했다. 이처럼 활쏘기를 즐거움으로 삼다가 일생을 마쳤다.

군사를 인솔하다가 식량과 물이 부족해지면, 물을 보아도 병졸들이 물을 다 마시기 전에는 물에 가까이 가지 않았으며, 병졸들이 음식을 다 먹고 난 뒤에야 비로소 음식을 먹었다. 이렇듯 사람들에게 관대하면서 까다롭지 않아 병졸들은 그의 지휘를 좋아했다. 또 적이 습격해 와도 거리가 수십 보 안에 들어오지 않거나 명중시킬 자신이 없으면 활을 쏘지 않았는데, 쏘기만 하면 활시위 소리가 나자마자 [적이] 고꾸라졌다. 이 때문에 그는 싸움터에서 자주 적에게 포위되거나 곤욕을 당했고, 맹수를 쏠 때도 부상을 당하는 일이 많았다고 한다.

해설

'전쟁의 달인'으로 불리는 이광은 흉노에게는 거의 신화와 같은 존재였고, 그가 나타났다는 것 자체가 적에게는 공포였다. 적의 간담을 서늘하게 하는 두려운 존재였던 이광은 부하들에게는 너그러운 장수였다. 나름의 전쟁 원칙도 분명했다. 적과 정면으로 승부하지 꼼수를 부려 적의 뒤통수를 치지 않는다는 것이었다. 사마천은 이

광을 이렇게 평했다.

"전해 오는 말에 '자기 몸이 바르면 명령하지 않아도 시행되며, 자기 몸이 바르지 못하면 명령을 해도 따르지 않는다.'라고 하는데, 아마도 이 장군을 두고 하는 말일 것이다. 나는 이 장군을 본 적이 있는데, 시골 사람처럼 투박하고 소탈하며 말도 잘하지 못했다. 그가 죽는 날 그를 알든지 모르든지 세상 사람들 모두가 슬퍼했으니, 그의 충실한 마음씨가 정녕 사대부의 신뢰를 얻은 것인가? 속담에 '복숭아나 오얏은 말을 하지 않지만 그 밑에는 저절로 샛길이 생긴다.'라고 했다."

이광처럼 자신의 몸을 아끼지 않는 지도자는 드물다. 그러나 아쉬운 점은 있다. 그의 청렴과 용맹에도 불구하고 제후의 반열에 오르지 못했으며, 그 안타까움을 평생 간직하고 살아갔으니 말이다.

죽음을 두려워하지 않는 용기

05

염파·인상여 열전
廉頗藺相如列傳

조(趙)나라는 혜문왕(惠文王) 때 초나라의 화씨벽(和氏璧)[6]을 손에 넣었다. 진(秦)나라 소공(昭公)이 이 소식을 듣고 사신을 통해 조나라 왕에게 편지를 보내 진나라 성 열다섯 개와 화씨벽을 바꾸자고 요청했다. 조나라 왕은 대장군 염파(廉頗)를 비롯해 여러 대신과 이 문제를 상의했다. 화씨벽을 주자니 진나라에 속아 성을 받지 못할까 봐 우려되고, 화씨벽을 주지 않자니 진나라 군대가 쳐들어올까 걱정되어 좀처럼 결정을 내리지 못했다. 또 진나라에 가서 이 문제에 답변을 할 만한 인물을 찾았지만 마땅한 사람이 없었다. 이때 환관의 우두머리 무현(繆賢)이 말했다.

6 초나라 사람 변화씨(卞和氏)가 발견한 아름답고 진귀한 옥.

"신의 사인(舍人) 인상여(藺相如)를 사신으로 보낼 만합니다."

[중략]

그래서 왕은 인상여를 불러 만나 이렇게 물었다.

"진나라 왕이 자기 나라의 성 열다섯 개와 과인의 화씨벽을 바꾸자고 하는데 화씨벽을 보내는 것이 좋겠소? 보내지 않는 것이 좋겠소?"

인상여가 대답했다.

"진나라는 강하고 조나라는 약하므로 받아들이지 않을 수 없습니다."

왕이 물었다.

"[그러나] 화씨벽만 빼앗고 우리에게 성을 내주지 않으면 어떻게 하오?"

인상여가 말했다.

"진나라가 성을 내주는 조건으로 화씨벽을 달라고 했는데 조나라에서 이를 받아들이지 않으면 잘못은 조나라에 있게 됩니다. 그러나 조나라에서 화씨벽을 보내 주었는데도 진나라가 조나라에 성을 주지 않는다면 잘못은 진나라에 있게 됩니다. 이 두 가지 대책을 비교해 볼 때, 차라리 요구를 받아들여 잘못의 책임을 진나라에 덮어씌우는 편이 낫습니다."

왕이 물었다.

"누구를 사신으로 삼을 수 있겠소?"

인상여는 이렇게 대답했다.

"왕께 [적당한] 인물이 없다면 제가 화씨벽을 받들고 사신으로 가고 싶습니다. 성이 조나라의 손에 들어오면 화씨벽을 진나라에 두고 오지만, 성이 조나라에 들어오지 않으면 화씨벽을 온전하게 가지고 조나라로 돌아오겠습니다."

마침내 조나라 왕은 인상여에게 화씨벽을 받들고 서쪽 진나라로 들어가도록 했다.

진나라 왕은 장대(章臺)[7]에 앉아 인상여를 만났다. 인상여가 화씨벽을 진나라 왕에게 바치자, 진나라 왕은 매우 기뻐하며 비빈(妃嬪)과 곁에 있던 신하들에게 차례차례 보여 주었고, 곁에 있던 신하들은 모두 만세를 불렀다. 인상여는 진나라 왕이 조나라에 성을 내줄 마음이 없음을 눈치채고 앞으로 나아가 이렇게 말했다.

"이 화씨벽에는 작은 흠이 하나 있는데 대왕께 그것을 가르쳐 드리겠습니다."

왕이 화씨벽을 인상여에게 건네주었다. 인상여는 화씨벽을 손에 넣자 뒤로 몇 걸음 물러나 기둥에 기대서더니 머리카락이 치솟아 관을 찌를 만큼[노발충관(怒髮衝冠)] 화를 내며 진나라 왕에게 다음과 같이 말했다.

"대왕께서는 화씨벽을 얻을 욕심으로 사신을 통해 조나라 왕에게 편지를 보냈습니다. 조나라에서는 신하들을 모두 불러 이 문제를 상의했습니다. 그 자리에서 신하들은 한결같이 '진나라는 지나치게 욕심이 많아 자신들의 강대함만을 믿고 허황된 말로 화씨벽을 차지하려는 것이다. 화씨벽을 주고 대신 받기로 한 성은 얻지 못할 것이다.'라고 했습니니

---

7 진나라 궁궐에 있는 누대.

다. 그래서 진나라에게 화씨벽을 주지 않기로 의견을 모았습니다. 신은 '일반 백성들의 사귐에서도 오히려 서로 속이지 않거늘 하물며 큰 나라끼리 사귀는데 그럴 수 있겠는가? 게다가 화씨벽 하나 때문에 강한 진나라의 비위를 거슬러서는 안 된다.'라고 생각했습니다. 그래서 조나라 왕은 닷새 동안 재계(齋戒)[8] 한 뒤 저를 사신으로 삼아 화씨벽을 받들게 하고, 진나라 조정에 삼가 편지를 보냈습니다. 조나라 왕이 이렇게 한 까닭은 큰 나라의 위엄을 존중하여 존경하는 마음을 다하려고 한 것입니다. 그런데 지금 신이 진나라에 이르니 왕께서는 신을 별궁에서 만나고 예절을 하찮게 여기며 아주 거만하십니다. 그리고 화씨벽을 받으시고는 비빈들에게 차례로 건네주면서 신을 희롱했습니다. 신은 왕께서 화씨벽을 받은 대가로 조나라에 성을 내줄 마음이 없음을 알았기 때문에 화씨벽을 다시 돌려받은 것입니다. 왕께서 만일 신을 협박하려고 하신다면 신의 머리는 지금 이 화씨벽과 함께 기둥에 부딪쳐 깨질 것입니다."

인상여가 화씨벽을 가지고 기둥을 노려보며 그것을 기둥에 치려고 했다. 진나라 왕은 화씨벽이 깨질까 봐 잘못을 사과하고 노여움을 풀도록 했다. 그리고 관리를 불러 지도를 펼치게 한 다음 손가락으로 지도를 가리키며 여기서부터 저쪽까지 성 열다섯 개를 조나라에 주라고 했

---

8 고대 제사나 의식을 거행할 때 그 일을 주관하는 사람은 목욕을 하고 옷을 갈아입고, 여인과 잠자리를 같이하지 않고 혼자 기거하며, 술을 경계하고 냄새나는 것을 먹지 않음으로써 공경과 정중함을 나타냈다.

다. 인상여는 진나라 왕이 조나라에 성을 내주는 척하는 것일 뿐 실제로는 받을 수 없음을 알고는 진나라 왕에게 이렇게 말했다.

"화씨벽은 천하가 모두 인정하는 보물입니다. 조나라 왕은 진나라가 두려웠으므로 감히 바치지 않을 수 없었습니다. 조나라 왕은 화씨벽을 보낼 때 닷새 동안 재계하셨습니다. 이제 왕께서도 마땅히 닷새 동안 재계하고 대궐 뜰에서 구빈(九賓)[9]의 예를 행하시면, 바로 화씨벽을 바치겠습니다.

진나라 왕은 끝내 화씨벽을 강제로 빼앗을 수 없음을 알고 드디어 닷새 동안 재계하기로 허락하고 인상여를 광성전(廣成傳)이라는 영빈관에 머물도록 했다. 인상여는 진나라 왕이 비록 재계한다 하더라도 약속을 저버리고 결코 성을 내주지 않을 것이라고 판단했다. 그래서 자기를 따라온 사람에게 허름한 옷을 입혀 화씨벽을 품속에 숨겨 지름길로 도망치도록 하여 조나라로 돌려보냈다.

진나라 왕은 닷새 동안 재계한 뒤 대궐 뜰에서 구빈의 예를 행하고 조나라 사신 인상여를 만나기로 했다. 상여는 들어가 진나라 왕에게 이렇게 말했다.

"진나라는 목공(繆公) 이래 스무 명 남짓 되는 군주가 있었지만 지금까지 약속을 확실하게 지킨 분은 없었습니다. 신은 진실로 왕에게 속아 조나라를 저버리게 될까 봐 사람을 시켜 화씨벽을 가지고 지름길로 조

---

9 손님을 맞이하는 아홉 명의 예관(禮官). '구빈의 예'란 천자(天子)가 귀빈을 가장 융숭하게 대접하는 예절이라고 할 수 있다.

나라로 돌아가도록 했습니다. 진나라는 강하고 조나라는 약합니다. 그러므로 왕께서 사자 한 명을 조나라에 보내자 조나라는 지체 없이 신을 보내 화씨벽을 바치게 했습니다. 지금 강한 진나라가 먼저 성 열다섯 개를 조나라에게 떼어 준다면 조나라가 어찌 감히 화씨벽을 내놓지 않고 왕에게 죄를 짓겠습니까? 신은 왕을 속인 죄로 죽어 마땅함을 알고 있으니, 가마솥에 삶아 죽이는 형벌을 받기 원합니다. 다만 왕께서는 이 일을 신하들과 충분히 상의하십시오."

진나라 왕과 신하들은 서로 바라보면서 쓴웃음을 지었다. 곁에 있던 신하들 중에는 인상여를 끌어내 형벌로 다스리려는 자도 있었다. 그러자 진나라 왕이 말했다.

"지금 인상여를 죽인다면 끝내 화씨벽을 얻을 수 없고 진나라와 조나라의 우호 관계만 끊어질 것이다. 차라리 인상여를 극진히 대접하여 조나라로 돌려보내는 편이 낫다. 조나라 왕이 어찌 화씨벽 하나 때문에 진나라를 우롱하겠는가?"

그래서 마침내 인상여를 빈객(賓客)으로 예우하여 대궐로 맞아들이고 예를 마친 뒤에 조나라로 돌아가도록 했다.

인상여가 돌아오자, 조나라 왕은 현명한 대부가 사신으로 갔기 때문에 제후에게 모욕을 당하지 않았다고 여겨 그를 상대부(上大夫)로 삼았다. 진나라가 조나라에 성을 주지 않으므로 조나라도 결국 화씨벽을 진나라에 내주지 않았다.

● 해설 ●

진나라 소왕이 조나라의 보물 화씨벽을 탐내며 진나라 땅 일부와 바꾸자고 제안했다. 물론 거짓말이었다. 하지만 조나라는 강대국의 요구에 가만히 있을 수 없어 인상여에게 화씨벽을 들려 진나라로 보냈다. 소왕을 맞대면한 인상여는 화씨벽을 바치고 그 대신 땅을 떼어 달라고 했다. 화씨벽을 손에 넣은 소왕이 희희낙락하며 말을 바꾸려 하자 인상여는 계책을 내어, 사실은 화씨벽에 티가 있는데 그곳을 알려 주겠다며 돌려받았다. 그런 후 왜 약속을 지키지 않느냐며, 다시 빼앗으려 하면 화씨벽을 기둥에 던져 깨뜨리고 자기도 함께 죽겠다고 말하면서 궁궐의 큰 기둥을 노려보았다. 사마천은 조나라도 구하고 화씨벽도 지킨 인상여를 "지혜와 용기, 이 두 가지를 모두 갖춘 인물"이라고 평가했다. 이런 기상을 두고 사마천은 "죽음을 알면 반드시 용기가 솟아나게 된다. 죽는 것 그 자체가 어려운 것이 아니고 죽음에 대처하기가 어려운 것이다."라고 감탄했다.

● 화씨벽의 유래

초나라 사람 변화, 곧 화씨가 초산(楚山)에서 옥돌을 발견해 여왕(厲王)에게 바쳤다. 여왕은 옥을 다듬는 사람에게 감정하도록 했다. 옥을 다듬는 사람이 돌이라고 하자 왕은 화씨가 자기를 속이려 했다고 생각하여 그의 왼쪽 발을 잘랐다. 여왕이 죽고 무왕(武王)이 즉위하자 화씨는 또 그 옥돌을 무왕에게 바쳤다. 무왕이 옥을 다듬는 사람을 시켜 감정하게 했는데, 그가 다시 돌이라고 하자 무왕 또한 화씨가 자기를 속이려 했다고 여기고 화씨의 오른쪽 발을 잘랐다. 무왕이 죽고 문왕(文王)이 즉위하자, 화씨는 초산 아래에서 그 옥돌을 끌어안고 사흘 밤낮을 울었고, 나중에는 눈물이 말라 피눈물을 흘렸다. 문왕이 이 소식을 듣고 사람을 시켜 그 까닭을 묻자, 화씨의 답은 이러했다.

"저는 발이 잘려서 슬퍼하는 것이 아닙니다. 보옥을 돌이라 하고 정직한 인사를 거짓말쟁이로 몰아 벌을 내린 것이 슬픕니다. 이것이 제가 슬퍼하는 까닭입니다."

그러자 왕은 그 옥돌을 다듬게 해 훌륭한 보배를 얻었다. 그리하여 이를 '화씨벽[화씨의 옥]'이라고 이름 붙였다.

죽음도 피하지 않는데 잔술을 사양하겠는가

06

항우 본기
項羽本紀

◉ [유방(劉邦)이 본의 아니게 항우(項羽)의 군대에 해를 끼치게 된 것을 사과하자 항우는 이 틈에 유방을 연회에 초대하여 죽여 버리려는 계획을 세웠다. 분위기가 무르익자] 범증(范增)[10] 이 항우에게 여러 차례 눈짓하며 차고 있던 허리의 옥고리를 들어 유방을 죽이라고 암시했으나 항우는 응하지 않았다. 범증이 항장(項莊)[11] 을 불러 장수를 기원하고 칼춤을 청한 뒤 기회를 틈타 앉은자리에서 유방을 쳐 죽이라고 했다.

항장은 즉시 들어가 장수를 빌었다. 장수를 기원하는 일이 끝나자 말

---

10 지략과 비범함을 갖춘 항우의 책사.

11 항우의 사촌 아우.

했다.

“두 분이 함께 주연을 여셨는데, 군영에 즐거움이 될 만한 것이 없으니 칼춤을 청하옵니다.”

항우가 말했다.

“좋다.”

항장이 칼을 뽑아 일어나 춤을 추자 항백(項伯)[12] 역시 칼을 뽑아 들고 일어나 춤을 추며 계속 몸으로 유방을 막으니 항장이 공격할 수 없었다. 이에 장량(張良)은 진영 문으로 나가서 번쾌(樊噲)[13]를 만났다. 번쾌가 말했다.

“지금 상황이 어떠합니까?”

장량이 말했다.

“매우 다급하오. 지금 항장이 칼을 뽑아 들고 춤추는데, 그 생각이 온통 주군[유방]께 놓여 있소.”

번쾌가 말했다.

“급박한 상황이니 청컨대 신이 들어가서 주군과 목숨을 같이하겠습니다.”

번쾌는 즉시 칼을 차고 방패를 들고 진영 문으로 들어갔다. 창을 엇갈리게 들고 있던 호위병들이 막으며 들여보내려 하지 않았다. 번쾌가

---

12 항우의 큰아버지로 유방의 공신인 장량과 친분이 깊었다.

13 본래 개 잡는 백정 신분이었으나 유방과 더불어 군대를 일으켜 공을 세워 좌승상까지 오른 인물이다.

그들의 방패를 비껴 치자 호위병들이 땅에 엎어졌다. 마침내 번쾌는 안으로 들어가 장막을 들추고 서쪽을 향해 서서는 눈을 부릅뜨고 항우를 바라보았다. 이때 머리카락은 위를 향하고 눈초리는 찢어질 대로 찢어져 있었다. 항우가 칼을 만지며 무릎을 세우고는 말했다.

"너는 무엇을 하는 자인가?"

장량이 말했다.

"패공[유방]의 참승(參乘)[14] 번쾌라는 자입니다."

항우가 말했다.

"장사이니 그에게 술을 내리겠다."

그러고는 한 말이나 되는 술을 주었다. 번쾌는 고맙다고 인사하고는 선 채로 마셔 버렸다.

항우가 말했다.

"그에게 돼지 어깻죽지를 주어라."

사람들이 즉시 익지 않은 돼지 어깻죽지 하나를 주었다. 번쾌는 방패를 땅에 엎어 놓고 그 위에 돼지 어깻죽지를 올려놓고는 칼을 뽑아 썰어서 먹었다. 항우가 말했다.

"장사여, 더 마실 수 있겠는가?"

번쾌가 말했다.

"신은 죽음 또한 피하지 않는데, 어찌 잔술을 사양하겠습니까! 진나라 왕은 호랑이와 승냥이의 마음을 가져 사람을 죽이는 데 있어 다 죽

---

14 수레가 기우는 것을 막기 위해 수레 오른쪽에 타는 사람으로 호위도 함께 맡는다.

이지 못할 것 같아 걱정했고, 형벌을 내리는 데 있어 무겁지 않을 것 같아 두려워했으므로 천하가 모두 그를 배반했습니다. 회왕(懷王)께서 여러 장수와 맹약해 '먼저 진나라를 쳐부수고 함양에 들어가는 자가 왕이 되리라.'라고 하셨습니다. 지금 저희 주군께서는 먼저 진나라를 쳐부수고 함양에 들어갔지만 감히 터럭만큼도 가까이하지 않으셨고 궁실을 밀봉해 잠가 버리고는 돌아와 패상에서 주둔하며 장군께서 오시기를 기다렸습니다. 그러고 나서 일부러 장수를 보내 관을 지키도록 한 것은 도적들의 출몰과 예기치 않은 일을 대비한 것입니다. 애써 고생한 공로가 이처럼 높은데 제후로 봉하는 상은 내리지 않으면서 하찮은 사람의 말을 듣고 공 있는 사람을 죽이려 합니다. 이는 멸망한 진나라를 이어가는 것일 뿐이니, 제가 생각하기에 장군께서 취해서는 안 된다고 봅니다."

항우는 미처 답변도 하지 못하고 말했다.

"앉게."

번쾌는 장량을 따라 앉았다. 앉은 지 얼마 후에 유방이 일어나 변소 가는 틈에 번쾌를 불러냈다.

유방이 나가고 나자 항우는 도위(都尉) 진평(陳平)[15]에게 유방을 불러오게 했다. 유방이 말했다.

"방금 나오면서 간다는 인사도 하지 않았으니 어떻게 하면 되겠소?"

번쾌가 말했다.

---

15 처음에는 항우를 따랐으나 나중에는 유방을 섬겨 한나라 통일에 공을 세운 인물이다.

"큰일을 할 때에는 사소한 예의는 돌보지 않으며, 큰 예의를 행할 때에는 사소한 허물을 마다하지 않는 법입니다. 지금 저들은 칼과 도마가 되고 우리는 물고기가 되었는데 무슨 인사를 하십니까?"

이에 [유방이] 마침내 떠나면서 장량에게 남아서 사죄하게 했다. 장량이 말했다.

"주군께서는 무엇을 가져오셨습니까?"

[유방이] 말했다.

"나는 흰 옥 한 쌍을 가져와 항우에게 바치고, 옥두(玉斗)[16]는 아부[범증]에게 주려 했는데, 마침 그들이 화가 나 있어서 감히 바치지 못했소. 그대가 나를 위해 바쳐 주시오."

장량이 말했다.

"삼가 그리하겠습니다."

이때 항우의 군대는 홍문 아래에 있었고 유방의 군대는 패상에 있어 서로 사십 리 정도 떨어져 있었다. 유방은 자신의 거기병(車騎兵)을 두고 몸만 빠져나와 홀로 말을 타고 번쾌, 하후영(夏侯嬰), 근강(靳彊), 기신(紀信) 등 네 사람과 함께 칼과 방패를 잡고 걸어서 여산을 내려가 지양의 샛길로 갔다. 유방이 장량에게 말했다.

"이 길을 따라가면 우리 군영까지는 이십 리에 지나지 않소. 내가 군영에 도착할 무렵이 되면 그대는 곧장 되돌아가시오."

유방이 떠나서 샛길로 군영에 이를 무렵이 되자 장량은 들어가 사죄

---

16 옥으로 만든 술 푸는 국자 한 쌍.

하면서 말했다.

"패공께서 술잔[주량]을 이기지 못할 정도라 미처 하직 인사를 드릴 수 없었습니다. 삼가 저 장량에게 흰 옥 한 쌍을 받들어 장군께 두 번 절하면서 바치게 하고, 옥두 한 쌍은 대장군께 두 번 절하면서 바치게 했습니다."

항우가 말했다.

"패공은 지금 어디에 있는가?"

장량이 대답했다.

"대왕께서 과오를 질책하려는 뜻이 있다는 것을 듣고 몸만 빠져나가 홀로 떠났는데 이미 군영에 도착했다고 합니다."

항우는 옥을 받아 자리 옆에 두었다. 아부는 옥두를 받고는 그것을 땅에 던지고 칼을 뽑아 쳐서 부숴 버리고는 말했다.

"아! 소인배와는 함께 [천하를] 도모할 만하지 않다. 항우의 천하를 빼앗을 자는 분명 유방일 테니 우리들은 그의 포로가 될 것이다."

해설

칼춤을 추는 적의 손아귀에서 벗어나지 못하고 위기에 빠진 유방을 구해 낸 번쾌의 용기와 기백이 빛나는 장면이다. 용맹한 장수는 주군이 위험에 빠졌을 때 기꺼이 자신을 던져 주군을 구해 낸다. 항우에게 하마터면 목숨을 잃을 뻔한 유방이 급히 나오느라 인사도 제대로 못하고 온 것을 찜찜해 하자 번쾌는 답답한 마음에 핀잔을 준다. 이처럼 아둔한 유방이 천하를 제패할 수 있었던 것은 자기희생적인 인재들을 곁에 두었기 때문이다. 번쾌는 주군인 유방을 따라 늘 전쟁터로 다니며 충성심과 용맹함을 보여 주었다. 사마천은 그의 이런 면모를 묘사함으로써 전형적인 무사의 모습을 부각했다.

적의 허를 찌르는 비책

07

전단 열전

田單列傳

◉ 연(燕)나라 소왕이 죽고 혜왕(惠王)이 자리에 올랐으나, 혜왕은 악의(樂毅)와 사이가 좋지 않았다. [제나라의] 전단(田單)은 그 사실을 알고 연나라로 첩자를 보내 이러한 소문을 퍼뜨렸다.

"[악의는] 제나라를 친다는 명분을 내세우고 있지만, 실제로는 전쟁을 질질 끌어 자신이 제나라 왕이 되려고 한다. 그러나 제나라 사람들이 자신을 따르지 않기 때문에 즉묵(卽墨)[17]을 공격하기를 잠시 늦추어

---

17 연나라 소왕은 악의를 상장군으로 삼아 다섯 나라의 병사들을 이끌고 제나라를 쳐서 제나라 수도 임치와 70여 개 성을 함락시켰다. 제나라에 남은 성은 거(莒)와 즉묵 두 곳뿐이었다.

때를 기다리고 있다. 제나라 사람들은 다른 장군이 오게 되면 즉묵이 쑥대밭이 될까 두려워할 뿐이다."

연나라 왕은 이 소문을 그럴듯하게 여겨 악의 대신에 기겁(騎劫)을 장군에 임명했다. 이로 인해 악의가 조나라로 귀순하자 연나라 병사들은 분통을 터뜨렸다.

한편 전단은 성안 사람들에게 밥을 먹을 때마다 반드시 뜰에서 그 조상에게 제사를 지내도록 명령했다. 그러자 날던 새들이 모두 성안으로 내려와 차려 놓은 음식을 먹어 치웠다. 연나라 사람들이 이 일을 해괴하게 여기자, 전단은 이렇게 선전했다.

"신(神)이 와서 나를 가르쳐 주시는 것이오."

그러고는 성안 사람들에게 포고했다.

"이제 신과 같은 사람이 내 스승이 될 것이다."

그러자 한 병졸이 물었다.

"제가 스승이 될 수 있겠습니까?"

그러고는 몸을 돌려 뛰어갔다. 전단은 바로 일어나 그를 불러 되돌아오게 하여 동쪽을 향하여 앉힌 다음 스승으로 받들려고 했다. 그러자 병졸이 말했다.

"제가 당신을 속였습니다. 사실 저에게는 아무런 능력이 없습니다."

그러자 전단은 말했다.

"너는 아무 말도 하지 마라."

그러고는 그를 스승처럼 받들며, 명령을 내릴 때마다 반드시 신이 내린 것이라고 했다. 그러고 나서 전단은 이렇게 선언했다.

"내가 두려워하는 것은 연나라 군사가 사로잡은 제나라 병사들의 코를 베고 그들을 앞세워 우리와 싸우게 하여 즉묵이 패하게 되는 일뿐이다."

연나라 사람들은 이 말을 듣고 전단이 말한 것과 같이 했다. 성안 사람들은 항복한 제나라 군사들의 코가 베인 것을 보자 모두 분노가 치밀어 성을 굳게 지키며 연나라 사람에게 붙잡히지나 않을까 두려워했다.

전단은 또 첩자를 풀어 이런 말을 하게 했다.

"내가 두려워하는 것은 연나라 사람들이 우리 성 밖에 있는 무덤을 파헤쳐 조상을 욕보일까 하는 것이다. 이런 생각만 하면 섬뜩해진다."

연나라 군사들은 무덤을 모두 파헤쳐 시체를 불살라 버렸다. 즉묵 사람들은 성 위에서 이 광경을 멀리 바라보고 모두 눈물을 흘리며 함께 달려 나가 싸우기를 원했다. 그들의 분노는 열 배나 더 강해졌다.

전단은 이제 병사들이 싸울 만하게 되었음을 알고, 몸소 널판과 삽을 들고 병졸들과 똑같이 일했다. 또한 아내와 첩까지 군대 속에 끼워 넣고 음식을 있는 대로 풀어 병사들을 먹였다. 그러고 나서 무장한 병사들은 모두 숨게 하고 노약자와 부녀자들만을 성 위로 오르게 한 뒤, 사신을 보내 연나라에 항복한다고 약속했다. [이 말을 듣자] 연나라 군사는 모두 만세를 불렀다.

전단은 또 백성에게 금 1000일(鎰)[18]을 거두어 즉묵의 부자들을 통해 연나라 장수에게 보내며 말했다.

---

18 중량의 단위로, 1일은 스무 냥(兩) 또는 스물넉 냥.

"즉묵이 곧 항복하면, 나의 집안과 처첩들만은 포로로 삼거나 해치지 말고 편안하게 살 수 있도록 해 주십시오."

연나라 장수는 매우 기뻐하며 그렇게 하기로 했다. 연나라 군사들은 이 일로 하여 마음이 더욱더 풀어졌다.

전단은 성안에서 소 1000여 마리를 모아 붉은 비단에 오색으로 용무늬를 그려 넣은 옷을 만들어 입히고, 쇠뿔에는 칼날을 붙들어 매고 쇠꼬리에는 갈대를 매달아 기름을 붓고 그 끝에 불을 붙였다. 그러고는 성벽에 구멍을 수십 개 뚫어 밤을 틈타 그 구멍으로 소를 내보내고, 장사 5000명이 그 뒤를 따르게 했다. 꼬리가 뜨거워지자 소가 성이 나서 연나라 군대의 진영으로 뛰어드니 연나라 군사는 한밤중에 크게 놀랐다. 쇠꼬리에 붙은 횃불은 눈부시게 빛났는데, 연나라 군사가 자세히 보니 모두 용 모습을 하고 있었다. 그들은 쇠뿔에 받히는 대로 모두 죽거나 부상을 당했다. 게다가 장사 5000명이 나뭇가지를 문 채[19] 공격했고, 성안에서는 북을 울리며 함성을 질렀다. 노인과 아이들이 모두 구리 그릇을 두들겨 대며 성원을 보냈는데, 그 소리가 마치 천지를 뒤흔드는 것 같았다. 연나라 군사들은 매우 놀라 싸움에 졌다. 제나라 사람들이 마침내 연나라 장수 기겁을 죽이자 연나라 군사는 정신없이 달아났다. 제나라 사람들은 도망가는 적을 뒤쫓았는데, 그들이 지나가는 성과 고을마다 모두 연나라에 반기를 들고 전단에게로 귀순했다.

---

19 고대에는 군대가 적진을 향해 나아갈 때 입속에 나뭇가지를 물어 말소리가 상대방에게 새어 나가지 않도록 했다.

전단의 병사는 날마다 늘어나고 승리의 기세를 탔지만 연나라는 하루하루 패하여 도망치다가 결국 하상(河上)[20]에 닿았다. 이리하여 연나라 성 70여 개가 모두 다시 제나라의 것이 되었다. 전단은 제나라 양왕(襄王)을 거성에서 맞이하여 [제나라의 수도] 임치로 모시고 들어가 정사를 맡겼다. 양왕은 전단을 안평군(安平君)에 봉했다.

해설

제나라의 전단은 연나라의 혜왕이 장군 악의와 사이가 좋지 않다는 점을 알고 첩자를 연나라로 보내 악의를 모함하는 소문을 퍼뜨린다. 혜왕은 이 소문을 믿고 기겁을 장수로 임명하고 악의는 조나라로 귀순해 버린다. 그러나 외형상 전력이 우세한 연나라를 정공법으로는 이길 승산이 없었다. 이에 전단은 철저히 전력을 숨기다가 화우진(火牛陳)이라는 전법으로 기습하여 제나라를 구했다. 사마천은 전단의 기책(奇策)을 이렇게 평가했다. "용병(用兵)의 도(道)는 정공법으로 싸우고, 기이한 계책으로 [허를 찔러] 이기는 것이다. …… 대체로 기이한 병법은 처음에는 처녀처럼 약하게 보여 적군이 [얕잡아 보고] 문을 열어 두게 하지만, 나중에는 그물을 벗어난 토끼처럼 날래져서 적이 막으려고 해도 막을 수 없다. 이는 전단의 용병법을 두고 한 말일 것이다."

---

20 황하 강가.

양치기에서 왕의 태부가 되다

08

평준서
平準書

본래 복식(卜式)은 하남군(河南郡) 사람으로 농경과 목축을 업으로 삼았다. 부모가 돌아가셨을 때 복식에게는 나이 어린 동생이 있었다. 동생이 장년이 되자 복식은 집에서 나와 재산을 나누었는데, [자신은] 기르던 양 100여 마리만을 가졌고 전택(田宅)과 재물을 남김없이 동생에게 주었다. 복식은 산에 들어가서 십여 년간 목축업을 하여 양이 1000여 마리에 이르렀고 전택도 샀다. 그러나 그의 동생은 사업이 모조리 파산하였고, 복식은 그런 일이 생길 때마다 동생에게 나누어 주었다. 이때 한(漢)나라는 여러 차례 장수들을 보내 흉노를 공격 중이었는데, 복식이 재산의 절반을 조정에 바쳐 변방을 지키는 비용에 보태겠다는 상소를 올렸다. 천자[한무제(漢武帝)]는 사자를 시켜 복식에게 물었다.

"관리가 되려고 하는가?"

복식이 대답했다.

"신은 어려서 목축을 했으므로 관리가 되는 것에 익숙하지 않으니, 원하지 않습니다."

사자가 물었다.

"집안에 억울한 일이 있어서 호소하려는 것인가?"

복식이 대답했다.

"신은 태어나면서부터 남과 갈라서서 다툰 적이 없습니다. 마을 사람 중에 가난한 사람들에게는 재물을 빌려주고 착하지 않은 사람들은 가르쳐서 착한 것을 따르게 했습니다. 읍에 사는 사람들이 모두들 저를 따르는데 제가 무슨 이유로 남에게 억울한 일을 당하겠습니까! 제소하고 싶은 일도 없습니다."

사자가 물었다.

"그렇다면 그대는 어찌하여 이렇게 하려는 것인가?"

"천자께서 흉노를 주살하시려는데 제 생각으로는 어진 자는 절개와 의리를 지켜 변방에서 죽어야 하고, 재물을 가진 자들은 모아 둔 재물을 내놓아야 합니다. 그렇게 해야만 흉노를 주살할 수 있습니다."

사자는 복식이 대답한 말을 모두 기록하여 천자에게 아뢰었다. 천자는 이것을 승상 공손홍(公孫弘)에게 말했다. 공손홍이 말했다.

"이것은 보통 사람의 마음가짐이 아닙니다. 일상의 규범을 벗어난 덕성을 교화의 모범으로 삼아 오히려 법을 어지럽힐 수는 없는 것이니, 폐하께서는 그의 청을 들어주지 마시기를 원합니다."

[중략]

이듬해, 빈민들을 대대적으로 옮기고는 그 입고 먹는 것을 모두 정부가 주었는데, 이들 모두에게 다 줄 수가 없었다. 복식은 20만 전을 하남군 태수에게 가지고 가서 이주자들에게 나눠 주었다. 하남군 태수가 빈민을 도운 부자들의 명단을 올리니 천자는 복식의 이름을 보고 기억하여 말했다.

"이 사람은 앞서 가산의 반을 내어 변방 비용을 돕겠다고 했던 자가 틀림없다."

그러고는 복식에게 400명의 과경전(過更錢)[21]을 내려 주었다. 그러나 그는 다시 조정에 모두 돌려주었다. 부호들은 재물을 다투어 숨겼으나 복식만은 오히려 재산을 바쳐 조정의 재정에 보태려고 했다. 이에 천자는 복식을 참된 장자(長者)[22]라고 여겨 그의 귀함을 세상에 알려 백성들을 교화시키려고 했다.

당초에 복식은 낭관(郎官)이 되는 것을 원하지 않았다. [그런데] 황상이 말했다.

"내가 상림원(上林苑)에서 양들을 기르려는데 그대로 하여금 그것들을 기르게 하고자 한다."

복식은 그제야 제수받아 낭관이 되었으며 베옷과 풀 신 차림으로 양

---

21 성년 남자들의 군 복무는 한나라 법규상 의무였는데, 변방 복무를 원하지 않는 자는 한 사람당 300전의 비용을 내면 일종의 대리 군 복무자를 이용하여 군 복무를 대체할 수 있게 해 주었다. 이 돈을 과경전이라고 했다.

22 덕행을 갖춘 자 또는 덕이 고매한 사람들을 한데 묶어 표현한 말.

을 길렀다. 1년 남짓 되자 양들은 통통해지고 새끼도 낳았다. 천자가 지나가다가 양들을 보고는 복식이 잘 길렀다고 생각했다. 그러자 복식이 말했다.

"양뿐 아니라 백성을 다스리는 것도 이와 같습니다. 시간에 맞추어 일어나게 하고 쉬게도 하며, 병든 양은 곧바로 내버려 무리를 해치지 못하도록 해야 합니다."

황상은 복식을 비범하게 여기고는 구지(緱氏)의 현령으로 제수하여 그를 시험하니 복식의 방식에 대해 구지현 사람들도 좋다고 했으므로 다시 성고(成皐)의 현령으로 옮기게 하여 조운(漕運)을 관장하도록 했는데 가장 높은 성적을 올렸다. 천자는 복식이야말로 충실하고 충성스러운 사람이라며 제왕(齊王)[23]의 태부(太傅)로 삼았다.

해설

아무나 시대를 앞서간 인물로 이야기되지는 않는다. 거대한 중국사에서 이름을 남긴 사람들 가운데 왕후장상만 존재하는 것은 아니다. 복식은 한낱 양치기였으나 그저 양치기에 불과한 사람이 아니라 한무제에게 진정한 가치를 일깨워 준 중요한 인물이었다. 그는 양을 키우며 거부(巨富)가 되었으며, 국가에 보탬이 되는 일이 무엇인지 분명히 알았다. 처음에는 그의 순수한 의도를 의심했던 한무제도 결국 그의 진정성에 매료되어 그에게 중책을 맡겼다.

23 한무제의 아들 유굉(劉閎)을 가리킨다.

아버지의 유언을 받들어 역사를 쓰다

09

태사공 자서

太史公自序

이해에 천자[효무제(孝武帝)]는 한나라 조정의 봉선(封禪) 의식을 처음으로 거행했는데, 태사공[사마담]은 주남(周南: 낙양)에 머물러 있어 그 의식에 참여하여 받들 수 없으므로 분통이 터져 죽을 지경에 이르렀다. 그런데 아들 사마천이 때마침 [파촉(巴蜀)[24] 평정의] 사명을 마치고 돌아오는 길이므로 하수(河水: 황하)와 낙수(洛水) 사이에서 아버지를 만나 뵐 수 있었다. 태사공은 사마천의 손을 잡고 울면서 이렇게 말했다.

"내 조상은 주나라 왕실의 태사(太史: 사관)였다. 일찍이 상고 시대에 우(虞)임금과 하(夏)임금 때 공명을 드러낸 이래로 천문에 관한 일을 주

---

24 사천 지방의 옛 이름.

관해 왔다. 후세로 내려오면서 중도에 쇠락하더니 나에게서 끊어지고 마는 것인가? 너는 다시 태사가 되어 우리 조상이 하던 일을 이어야 한다. 지금 천자께서 천년의 대통을 이어받아 태산에서 봉선 의식을 거행하고 있는데도 내가 따라가지 못한 것은 분명 천명이로다! 천명이로다! 내가 죽거든 너는 반드시 태사가 되어라. 태사가 되거든 내가 논하여 지술하려고 했던 바를 잊지 마라. 무릇 효도란 부모를 섬기는 데서 시작하며, 그다음은 임금을 섬기는 것이고, 마지막은 자신을 내세우는 데 있다. 후세에 이름을 떨침으로써 부모를 드러내는 것이 효도의 으뜸이다. 세상 사람들이 주공(周公)을 칭송하는 것은 그가 문왕과 무왕의 덕을 찬양하여 노래하고, [주 왕실의 근거지인] 주남과 소남의 작풍을 선양하며, 태왕(太王)[25]과 왕계(王季)[26]의 깊은 생각에 통달하여 공류(公劉)에 미치고 후직(后稷)을 받들었기 때문이다. 유왕(幽王)과 여왕(厲王) 이후로는 제왕의 도리가 무너지고 예와 악이 쇠락하여 공자께서 옛 전적을 정리하고 폐기된 것을 일으켜 《시》와 《서》를 강론하고 《춘추》를 지었으니, 배우는 사람들이 오늘에 이르기까지 그것을 본받는 것이다. 획린(獲麟)[27] 이래로 지금까지 400여 년 동안 제후들은 서로 아우르려

25 고공단보(古公亶父). 상(商)나라 때 사람으로 주(周)나라의 기틀을 다져 나중에 태왕(太王)으로 추존되었다. 문왕(文王)의 할아버지다.

26 주나라 문왕의 아버지다. 단보의 셋째 아들로 원래 이름은 계력(季歷)이고, 훗날 왕으로 추존되면서 왕계로 불리게 되었다.

27 《춘추》〈노 애공(魯哀公)〉 14년 조(條)를 보면 "봄에 서쪽에서 사냥하다 기린을 잡았다."라는 기록이 보인다. 공자가 이 이야기를 쓰고 붓을 놓았다는 데서 '절필(絶筆)'이라는 표현이 생겼다.

하고 사관의 기록들은 내버려지고 끊어졌다. 이제 한나라가 흥기하여 천하가 하나로 통일되고, 현명한 군주와 어진 임금과 충성스러운 신하와 정의를 보고 죽는 선비가 나왔다. 그러나 내가 태사가 되고도 이들을 논하여 기록하지 못해 천하의 역사 문헌을 폐기했구나. 나는 이것이 매우 두렵다. 너는 이 점을 염두에 두어라."

사마천은 고개를 숙이고 눈물을 흘리며 말했다.

"소자가 영민하지는 못하나 아버님께서 순서대로 정리해 두신 옛 문헌을 모두 논술해 감히 빠뜨리는 것이 없도록 하겠습니다."

[태사공이] 세상을 떠난 지 삼 년 만에 사마천은 태사령이 되어 사관의 기록과 [황실 도서관인] 석실(石室), 금궤(金櫃)에 보관한 책들을 꺼내 모았다. [그로부터] 오 년 뒤가 태초(太初) 원년이다. 그해 11월 갑자일(甲子日) 초하루 동짓날에 천력(天曆)[28]이 비로소 바뀌어 명당(明堂)[29]을 세우고 모든 신에게 제사를 지냈다.

태사공[사마천]은 말한다.

"선친께서 '주공이 세상을 떠난 지 500년이 지나 공자가 있고, 공자가 죽은 뒤 지금에 이르기까지 500년이 되었으니 다시 밝은 세상을 이어받고 《역전(易傳)》을 바로잡고 《춘추》를 이어받고 《시》, 《서》, 《예(禮)》, 《악(樂)》의 근본을 밝히는 자가 있을 것이다.'라고 말씀하셨으니

---

28 태초력(太初曆). 한나라 이전에는 하력(夏曆)을 써서 10월을 한 해의 시작으로 삼았다. 태초력은 한나라 무제 태초 원년부터 사용했는데, 정월을 한 해의 시작으로 삼는 역법이다.

29 중국 고대에 천자가 조회, 제사 등 국가의 중요한 행사를 시행하던 곳이다.

[선친의] 뜻이 여기에 있지 않은가! 뜻이 여기에 있지 않은가! 내가 어찌 감히 사양하겠는가?"

해설

사마천은 궁형이라는 치욕을 겪으면서도 살아남아 아버지의 유지를 받든 효성 지극한 아들이었다. 그는 투철한 장인 정신으로 주공과 공자를 이어받아 고문헌을 재해석하는 일을 자신의 과업으로 삼았다. 3000여 년의 중국 고대사를 복원해 낸 사마천의 의지 가운데에는 부친을 향한 연민이 상당 부분 자리 잡고 있었다.《사기》는 어찌 보면 사마천 혼자 쓴 것이 아니라 아버지가 못다 쓴 저술을 이어 쓴 것이다.《사기》속에 나오는 '태사공 왈'이라는 말 자체가 아버지에 대한 존경의 표출이며, 맨 처음 책 제목을 '태사공서'라고 붙인 것도 같은 맥락이다.

제2부

겸양과 처신 그리고 처세에 능하라

조정의 예절은 엄격해야 한다

01

장 승상 열전

張丞相列傳

◉ 신도가(申屠嘉)는 사람됨이 청렴하고 강직하여 집에서는 사사로운 방문을 받지 않았다. 이 무렵 태중대부(太中大夫)[1] 등통(鄧通)이 한창 총애를 받아 거만금의 재물을 쌓아 두고 있었다. 효문제(孝文帝)는 등통의 집에서 연회를 즐길 만큼 그를 몹시 총애했다.

하루는 승상[신도가]이 조회에 들어갔는데, 등통이 황제[문제] 곁에 붙어서 승상을 대하는 예절이 느슨했다. 승상은 일을 다 보고하고 나서 이렇게 말했다.

"폐하께서 신하를 총애하셔서 그를 부귀하게 하는 것은 좋습니다만

1 황제 곁에서 의론(議論)을 관장하는 벼슬.

조정에서의 예절은 엄격하지 않으면 안 됩니다."

문제가 말했다.

"그대는 아무 말 마시오. 내가 그를 총애할 뿐이오."

신도가는 조회를 마치고 승상부로 돌아와 앉아 등통을 승상부로 소환하는 격서(檄書)를 작성해, 오지 않으면 목을 베겠다고 했다. 등통이 겁이 나서 궁궐로 들어가 문제에게 이 사실을 아뢰자 문제가 말했다.

"너는 먼저 가거라. 내가 바로 사람을 보내 너를 부르겠다."

등통은 승상부에 이르자 관을 벗고 맨발로 머리를 조아리며 사죄했다. 신도가는 태연하게 앉은 채 짐짓 예의를 차리지 않고 꾸짖었다.

"조정은 고황제의 조정이거늘 등통 너는 하찮은 신하의 신분으로 어전을 희롱했다. 이는 불경죄로 참형을 받아 마땅하다. 형리는 지금 당장 그를 참형에 처하라!"

등통이 머리를 땅에 찧으며 빌어 피범벅이 되었지만, 신도가는 그를 풀어 주지 않았다. 문제는 승상이 등통을 충분히 욕보였을 것으로 생각하고, 사자에게 부절(符節)[2]을 들려 보내 등통을 부르게 하고, 승상에게 이렇게 말하도록 했다.

"그는 내가 총애하는 신하이니 그대는 그를 풀어 주시오."

등통은 풀려나자 문제에게 돌아와 울면서 말했다.

"승상이 신을 죽일 뻔했습니다."

---

2 주로 사신들이 신분을 증명하기 위해 지니고 다니던 물건으로 돌이나 대나무, 옥 등을 둘로 갈라서 하나는 조정에 보관하고 하나는 본인이 지니고 다녔다.

해설

한나라 초기에 황제를 보좌하면서 제국의 기틀을 다지는 데 이바지한 신도가는 관직이 어사대부까지 올라갔는데 늘 강직함과 청렴함을 견지했다. 신도가는 직간과 직언으로 유명한 장창(張蒼), 주창(周昌)과 더불어 한나라 왕실을 안정시킨 인물로 손꼽힌다.

절대 권력자에게 바른말을 하는 것은 역린을 건드리는 일이라 한비자도 철저히 금하라고 했지만 신도가는 이런 충고를 비웃기라도 하듯 잘 헤쳐 나갔다. 예나 지금이나 아첨과 아부로 일관하는 간신들 틈에서 강직한 신하가 존재하기란 쉬운 일이 아니다.

생선을 좋아하기 때문에 받지 않는다

02

순리 열전

循吏列傳

공의휴(公儀休)는 노(魯)나라의 박사(博士)[3]였다. 그는 뛰어난 재능과 학문으로 노나라의 재상이 되었다. 법을 준수하고 이치를 따르며 변경하는 일이 없으므로 모든 관리가 스스로 올바르게 되었다. 나라의 녹을 먹는 자는 일반 백성들과 이익을 다투지 못하게 하고, 봉록을 많이 받는 자는 사소한 것도 받지 못하게 했다. 어떤 빈객(賓客)이 재상에게 생선을 보내왔으나 받지 않았다. 다른 빈객이 말했다.

"재상께서 생선을 좋아하신다는 말을 듣고 생선을 보내왔는데 무엇 때문에 받지 않으십니까?"

---

3 관직의 하나.

재상이 말했다.

"생선을 좋아하기 때문에 받지 않았소. 지금 나는 재상의 벼슬에 있으니 나 스스로 생선을 살 수 있소. 그런데 지금 생선을 받고 벼슬에서 쫓겨난다면 누가 다시 나에게 생선을 보내 주겠소. 그래서 받지 않은 것이오."

[어느 날 공의휴는] 자기 집 채소밭의 채소를 먹어 보니 맛이 좋자 그 채소밭의 채소를 뽑아 버렸고, 또 자기 집에서 짜는 베가 좋은 것을 보자 당장 베 짜는 여자를 돌려보내고 그 베틀을 불살라 버리고 이렇게 말했다.

"[내 집의 채소와 베가 이렇게 좋으면] 농부와 장인과 베 짜는 여자는 자기들이 만든 물건을 어디에다 팔 수 있겠는가?"

해설

선물은 늘 독을 품고 있는 것으로, 선물을 주는 자는 항상 음흉한 속내를 숨기고 있다. 특히 자신이 평소 좋아하는 것을 선물로 받는 일은 더 조심해야 한다.《한비자(韓非子)》의 〈고분(孤憤)〉 편에는 관리의 청렴함에 대한 이야기가 자세히 나온다.

"신하가 벼슬자리를 얻으려고 할 때 수양을 닦은 인사는 그 정결함으로 자신을 굳건히 하려고 하고, 지혜로운 선비는 판단력을 발휘하여 일에 나아가며 뇌물로써 사람을 섬기지 않으니, 자신의 정결함을 믿음으로 판단력을 발휘하며 더욱이 법을 왜곡시킴으로써 다스림으로 삼지 않는다. 수양을 닦은 지혜로운 인사는 군주의 측근들을 섬기지 않고 사사로이 청탁을 들어주지 않는다. 그러나 군주의 주변에 있는 신하들은 품행이 백이(佰夷)와는 달라서 요구하는 것도 얻을 수 없고 뇌물을 받지 못하면 정결함과 판단력이라는 공은 없어지고 비방과 모함의 말만 생겨나게 된다. 판단력을 발휘하여 처리한 공이 측근들에 의해 제어되고 정결한 품행이 비방이나 칭찬에 의해 결정되면, 수양을 닦거나 지혜로운 관리들이 없어지고 군주의 명석함은 막히게 될 것이다."

잘못된 판결에 책임을 지고 자결한 이리

03

순리 열전

循吏列傳

이리(李離)는 진(晉)나라 문공(文公)의 옥관(獄官)[4]이었다. 그가 판결을 잘못하여 사람을 죽였으므로 스스로 옥에 갇혀 처형되려고 했다.

문공이 말했다.

"벼슬에는 귀하고 천함이 있고, 벌에는 가볍고 무거움이 있소. 하급 관리에게 잘못이 있다고 하여 그것이 그대의 죄는 아니오."

이리가 말했다.

"저는 장(長)으로서 관직에 있은 지 오래되었습니다만 하급 관리에게 자리를 양보한 일도 없고, 또 많은 봉록을 받았지만 하급 관리에게 그

4 형벌에 관한 일을 심리하던 벼슬.

이익을 나누어 주지도 않았습니다. 그런데 지금 판결을 잘못 내려 사람을 죽이고 그 죄를 하급 관리에게 떠넘긴다는 것은 일찍이 들어 본 적이 없습니다."

이리는 사퇴하고 문공의 명령을 듣지 않았다. 문공이 말했다.

"그대는 스스로 죄가 있다고 하는데 그렇다면 과인에게도 죄가 있는 것이오."

이리가 말했다.

"옥관에게는 지켜야 할 법이 있습니다. 형벌을 잘못 내렸으면 자기가 형벌을 받아야 하며, 사형을 잘못 내렸으면 자기가 사형을 받아야 합니다. 군공(君公)께서는 신이 가려진 부분까지 심리하여 어려운 안건을 판결할 수 있을 것으로 여겨 법관으로 임명하셨던 것입니다. 지금 잘못 판결하여 사람을 죽였으니 그 죄는 죽어 마땅합니다."

이리는 결국 문공의 명령을 듣지 않고 칼에 엎드려 죽었다.

해설

판결이란 엄정해야 하지만 인간인 이상 실수가 있을 수도 있다. 이런 실수를 했을 때 그에 대처하는 방식이 문제인데, 어떤 사람은 변명을 일삼고 어떤 사람은 그에 합당한 책임을 진다. 이리는 판결을 잘못 내려 사람을 죽게 하자 스스로 목숨을 끊어 책임을 짐으로써 문공이 국법을 바로잡을 수 있게 했다. "법령이란 백성을 교화하고 선도하기 위해 있는 것이며, 형벌이란 간사하고 악한 짓을 금지하기 위해 있는 것이다."라고 사마천은 논평했다. 사마천은 나라를 다스릴 때에는 법령과 형벌에 의지해야 하며, 이 법령과 형벌을 관리가 어떻게 집행하는지에 따라 사회의 안위가 결정된다고 보았다.

지나치면 반드시 쇠하는 법

04

골계 열전

滑稽列傳

위왕(魏王)은 크게 기뻐하며 후궁에 주연을 준비하여 순우곤(淳于髡)[5]을 불러 술을 내려 주며 물었다.

"선생은 어느 정도 마셔야 취하시오?"

순우곤이 대답했다.

"저는 한 말을 마셔도 취하고 한 섬[6]을 마셔도 취합니다."

위왕이 말했다.

"선생이 한 말을 마시고 취한다면 어떻게 한 섬을 마실 수 있겠소! 그

5 제(齊)나라 사람의 데릴사위였다. 당시 데릴사위는 사회적 지위가 매우 낮아 죄수와 거의 같은 대우를 받았다. 순우곤은 익살스럽고 변설에 뛰어나 제후들에게 사신으로 자주 보내졌다.

6 한 섬은 한 말의 열 배로 180리터 정도다.

이유를 들려줄 수 있소?"

순우곤이 대답했다.

"대왕께서 앞에서 술을 내려 주시는데 법을 집행하는 관리가 곁에 서 있고 어사가 뒤에 있으면 저는 몹시 두려워하며 엎드려 마시기 때문에 한 말을 못 넘기고 바로 취합니다. 만일 어버이에게 귀한 손님이 있어 신이 옷매무새를 단정히 하고 꿇어앉아 그 앞에서 모시며 술을 대접하면서 때때로 끝잔[7]을 받기도 하고 여러 차례 일어나 술잔을 받들고 손님의 장수를 빌며 자주 일어나게 되면 두 말을 마시기 전에 곧장 취합니다. 만약 친구들과 교류하면서 오랫동안 만나지 못하다가 뜻밖에 만나면 너무 기뻐 지난날 일을 이야기하고 사사로운 생각이나 감정까지 서로 터놓게 되어 대여섯 말을 마시면 취합니다. 만약 같은 고향 마을에 모여 남녀가 한데 섞여 앉아 실랑이하듯 술을 돌리며 쌍륙(雙六)과 투호(投壺) 놀이를 벌여 짝을 짓고 남자와 여자가 손을 잡아도 벌을 받지 않고 눈이 뚫어져라 쳐다보아도 금하는 일이 없으며 앞에 귀걸이가 떨어지고 뒤에 비녀가 어지럽게 흩어지면 신은 이런 것을 즐거워하여 여덟 말쯤 마셔도 약간 취기가 돌 뿐입니다. 그러다 날이 저물어 술자리가 끝나면 술 단지를 한군데로 모아 놓고 자리를 좁혀 남녀가 한자리에 앉고 신발이 뒤섞이고 술잔과 그릇이 어지럽게 흩어지며 마루 위의 촛불이 꺼지고 주인은 신만을 머물게 하고 손님들을 돌려보냅니다. 이윽고 얇은 비단 속옷의 옷깃이 열리는가 싶더니 은은한 향내가 퍼집니

---

7 맨 마지막 잔을 가리킨다.

다. 이때 신의 마음은 몹시 즐거워 술을 한 섬은 마실 수 있습니다. 그러므로 '술이 극도에 이르면 어지럽고 즐거움이 극도에 이르면 슬퍼진다.'라고 하는데, 모든 일이 이와 같습니다. 사물이란 지나치면 안 되며 지나치면 반드시 쇠합니다."

이러한 말로 [위왕에게] 풍간(諷諫)했다. 위왕이 말했다.

"좋은 말이오."

그러고는 그 뒤로 밤새워 술 마시는 것을 그만두었고, 순우곤을 제후들 사이의 주객(主客)[8]으로 삼았다. 종실에서 주연이 열릴 때마다 순우곤은 언제나 곁에서 모셨다.

해설

절대 권력자에게 간언을 함부로 하다가는 자칫 목숨마저 위태로울 수 있다. 이때 상대의 심기를 건드리지 않으면서도 뒤돌아서서 깨닫도록 해야 하는데 순우곤은 완곡한 표현으로 잘못을 고치도록 하는 풍간의 방법으로 간했다. 순우곤처럼 재치가 있고 유창한 말로 상대를 웃음 짓게 만드는 사람들을 골계가(滑稽家)라고 하는데 이들은 기지와 해학이 넘치고 반어와 풍자에 뛰어났다. 이런 사람들은 치밀던 화도 가라앉게 하고, 군주가 웃는 가운데 자신의 잘못을 깨닫게 하는 능력이 있다. 하지만 이러한 방식의 간언이 통했던 것은 위왕이 경청의 지혜를 터득하고 있었기 때문이다. 대화는 두 사

8 외국 사신의 접대를 맡는 우두머리 관원.

람이 하는 것이고 조언도 들을 자세가 되어 있는 사람에게 쓸모가 있는 법이다.

고니를 잃은 자의 재치 있는 변명

05

골계 열전

滑稽列傳

제나라 왕이 순우곤을 시켜 고니를 초나라에 바치도록 한 일이 있었다. [순우곤은] 도성 문을 나서서 길에서 고니를 날려 보내고 빈 새장만 들고 가서 초나라 왕을 뵙고 말했다.

"제나라 왕께서는 신을 보내 고니를 바치도록 했는데, 물가를 지나다가 고니가 목말라 하는 것을 차마 볼 수 없어 [새장에서] 꺼내 물을 마시게 하니 신을 버리고 날아가 버렸습니다. 신은 배를 찌르고 목을 매어 목숨을 끊을까도 생각했습니다만, 사람들이 우리 왕[제나라 왕]을 보고 새나 짐승 때문에 선비가 스스로 목숨을 끊도록 했다고 할까 봐 두려웠습니다. 고니는 털을 가진 놈이라 비슷한 놈이 많으므로 고니 대신 사서 가져올까 했습니다만, 이는 신의가 없는 행위로 우리 왕을 속이는 것입니다. 다른 나라로 도망치려고도 했습니다만 두 나라의 군주 사이에 사신의 왕래가 끊길까 봐 가슴 아팠습니다. 그래서 여기까지 와서 잘못을 자백하고 머리를 땅에 대고 대왕께 죄를 받으려 합니다."

초나라 왕이 말했다.

"훌륭하다. 제나라 왕에게 이처럼 신의 있는 선비가 있었다니."

초나라 왕은 순우곤에게 많은 상을 내렸다. 그 재물은 고니를 바쳤을 경우보다 배나 되었다.

해설

전국 시대에는 교묘하고 능란한 말솜씨로 각국을 유세하고 다닌 사람들이 즐비했는데 언변으로는 순우곤이 손꼽힌다. 순우곤의 능란한 말솜씨는 여러 기록에서 확인할 수 있는데 고니를 날려 보낸 뒤 초나라 왕에게 변명하는 일화에서는 그의 재치가 특히 돋보인다. 왕의 마음을 상하지 않게 하면서도 자신의 실수를 만회하는 장면을 통해 위기 상황에서 여유로운 태도로 문제를 해결하는 지혜를 엿볼 수 있다. 실제로는 일부러 고니를 놓아주고 거짓으로 자신의 신의를 꾸민 것이었는데, 이를 통해 순우곤은 상대의 마음을 얻을 수 있었다. 사마천은 이러한 골계가들의 기지와 유창한 말재주를 생동감 있게 묘사하여 혜안을 가진 역사적 인물로 그리고 있다.

하늘이 나를 망하게 하는 것이지 싸움을 잘못한 죄가 아니다

06

항우 본기

項羽本紀

항우는 해하(垓下)에 진지를 구축하고 주둔했는데, 군사는 적고 군량은 다 떨어진 데다 한(漢)나라 군대와 제후들의 군대에 여러 겹으로 포위당했다. 밤에 한나라 군대가 사방에서 모두 초나라 노래를 부르니[9] 항우가 크게 놀라서 말했다.

"한나라 군대가 이미 초나라를 얻었단 말인가? 어찌 초나라 사람이 이다지도 많은가?"

항우는 밤에 일어나 막사 안에서 술을 마셨다. [항우에게는] 우(虞)라는 이름의 미인이 있었는데 총애하여 늘 데리고 다녔다. 그리고 추[騅, 오추마]라는 이름의 준마가 있었는데 늘 타고 다녔다. 비분강개한 항우

9 사면초가(四面楚歌)라는 말이 여기서 유래했다.

가 시를 지어 노래로 읊었다.

힘은 산을 뽑을 수 있고 기개는 세상을 덮을 만한데,[10]
때가 불리하여 추가 나아가지 않는구나.
추가 나아가지 않으니 어찌해야 하는가!
우여, 우여, 그대를 어찌해야 하는가!

여러 번 노래 부르니 우 미인도 따라 불렀다. 항우가 울어 몇 줄기 눈물이 흘러내리니 좌우에 있던 사람들도 모두 울며 고개를 들어 쳐다보지 못했다.

항우가 말에 올라타니, 부하 장사 중에 말에 올라 따르는 자가 팔백여 명이었다. 그날 밤 포위를 뚫고 남쪽으로 나가 말을 급히 몰았다. 날이 밝자 한나라 군대는 비로소 이 사실을 알고 기장(騎將) 관영(灌嬰)에게 오천 기병을 이끌고 그를 쫓게 했다. 항우가 회수(淮水)를 건너니 그를 따라온 기병이 백여 명뿐이었다. 항우가 음릉(陰陵)에 이르러 길을 잃은 탓에 한 농부에게 물으니 농부가 속여서 말했다.

"왼쪽입니다."

이에 왼쪽 길로 가다가 큰 늪에 빠졌다. 이 때문에 한나라 군대가 그를 바짝 뒤쫓아 왔다. 항우가 다시 군대를 이끌고 동쪽으로 가서 동성(東城)에 이르렀는데, 겨우 기병 스물여덟 명만이 남아 있었다. 추격하

---

10 역발산기개세(力拔山氣蓋世).

는 한나라 군대의 기병은 수천 명이었다. 마침내 항우가 벗어날 수 없음을 깨닫고는 기병들에게 말했다.

"군대를 일으킨 이래 지금까지 여덟 해 동안 직접 칠십여 차례나 싸우면서 맞선 자는 쳐부수고 공격한 자는 굴복시켜 이제껏 패배한 적이 없었기에 드디어 천하의 패권을 차지했다. 그러나 지금 결국 이곳에서 곤경에 처했으니 이는 하늘이 나를 망하게 하려는 것이지 내가 싸움을 잘못한 탓이 아니다. 오늘 죽기를 굳게 결단하고 그대들을 위해 통쾌하게 싸워 기필코 세 차례 승리하고, 그대들을 위해 포위를 뚫으면서 적장을 베어 죽이고 적군의 깃발을 뽑아 버림으로써 그대들에게 하늘이 나를 망하게 하는 것이지 싸움을 잘못한 죄가 아니라는 것을 알리고자 한다."

그러고는 기병들을 넷으로 나누어 사방으로 향하게 했다. 한나라 군대가 그를 겹겹이 포위했다. 항우가 자신의 기병들에게 말했다.

"내가 그대들을 위해 저 장수를 베리라."

사방의 기병들에게 말을 급히 달려 내려가도록 하고 산 동쪽 세 곳에서 나뉘었다가 만나기로 약조했다. 항우가 크게 소리치며 아래로 말을 달려가니 한나라 군대가 모두 바람에 불려 흔들리듯 무너져 마침내 [항우는] 한나라 장수 한 명을 베었다.

해설

사면초가의 상황에서 좌충우돌하던 항우는 주위의 권고를 뒤로한 채 결국 자신의 분을 이기지 못하고 서른한 살의 나이로 스스로 목을 찔러 자결하고 만다. 팔 년간 그 어떤 싸움에서도 진 적이 없었던 항우는 야생초처럼 성장한 유방의 끈기와 집념 앞에 힘없이 무너져 버렸다. 후대의 시인들은 항우가 권토중래(捲土重來)를 꾀하지 못한 것을 너무도 아쉬워했다. 사내대장부라면 때로는 치욕을 견디고 슬픔을 감내해야 자신의 포부를 실현할 수 있다. 강자도 언제든 무너질 수 있으며 약자가 강자를 이길 수도 있다.

● 권토중래

당나라 시인 두목(杜牧)은 항우의 죽음을 안타까워하며 〈제오강정(題烏江亭)〉이라는 시를 지었는데 그 내용은 다음과 같다.

이기고 지는 것은 전쟁에서 기약할 수 없는데	勝敗兵家不可期,
치욕을 안고 견디는 것이 사나이다.	包着忍恥是男兒,
강동의 자제들 중에는 인재가 많으니	江東子弟才俊多,
흙을 말아 올려 다시 오는 날을 알지 못한다.	捲土重來未不知.

여기서 "흙을 말아 올려 다시 오는(捲土重來)"이라는 말은 항우가 자결하지 않고 세력을 만들어 다시 유방과 싸웠더라면 그 승패의 향방은 알 수 없었을 것이라는 뜻이다. 이 시에서 유래한 '권토중래'라는 표현은 한 번 실패했으나 힘을 회복하여 다시 쳐들어옴을 이르는 말이다. 한두 번의 실패에 아랑곳하지 않고 목표를 향해 다시 도전하는 자세로 나아간다면 이루지 못할 일이 없을 것이다.

은혜를 베푼 조순, 그에 보답한 시미명

07

진 세가

晉世家

이전에 조순(趙盾)[11]은 수산(首山)으로 사냥을 갔는데, 뽕나무 아래에 굶주린 사람이 있는 것을 보았다. 굶주린 사람은 시미명(示眯明)이었다. 조순이 그에게 먹을 것을 주자 그 중 반만 먹었다. 그 까닭을 물어보니 그가 말했다.

"타향에서 벼슬살이를 한 지 삼 년이 되었는데 어머니께서 살아 계신지 살아 계시지 않은지 알지 못하니, 어머니를 위해 남겨 두기를 원합니다."

조순은 그를 의롭게 여겨 그에게 밥과 고기를 더 주었다. 얼마 있다가 그 사람이 진나라 [영공(靈公)의] 주방장이 되었으나 조순은 알아보

11 조나라 권신인데 진영공(晉靈公)에게는 역적이라고 불린 사람.

지 못했다. 9월에 진[나라] 영공이 조순을 청하여 술을 마시게 하고, 병사를 매복시켜 놓고 그를 살해하려고 했다. 영공의 주방장 시미명이 이 사실을 알고는 조순이 술에 취해 일어서지 못할까 걱정하여 나아가 말했다.

"주군께서 저에게, 내려 주신 술 석 잔을 마셔도 좋다고 하셨습니다."

이렇게 조순이 먼저 떠나게 하여 화가 미치지 않도록 했다. 조순이 이미 떠났는데도 영공이 매복시킨 병사들은 이 사실을 알지 못하고 무서운 맹견을 풀어 놓았다. 시미명이 조순을 위하여 개를 묶어 죽였다.

조순이 말했다.

"사람을 버리고 개를 쓰다니. 비록 사납기는 하나 무슨 소용이 있겠는가?"

그러나 조순은 시미명이 베푼 은덕을 알지 못했다. 얼마 있다가 영공의 지휘에 따라 매복해 있던 병사들이 조순을 뒤쫓아 나가자 시미명이 반격을 가하여 군사들이 더는 나아갈 수 없었고, 결국 조순은 탈출하게 되었다. 조순이 [자신을 구해 준] 까닭을 물으니 시미명이 말했다.

"저는 뽕나무 아래에서 굶주렸던 사람입니다."

조순이 그의 이름을 물었으나 시미명은 알려 주지 않았다. 시미명도 조순을 도운 일 때문에 달아나 버렸다.

해설

어진 마음으로 굶주린 사람에게 도움을 준 조순과 훗날 이를 잊지 않고 목숨을 구해 준 시미명의 이야기다. 이 이야기를 통해 은혜를 베풀면 예기치 못한 때에 보답을 받게 된다는 것을 알 수 있다. 또한 굶주리면서도 먹을 것이 생기자 어머니를 생각하고, 호의를 잊지 않고 보답하는 시미명의 마음가짐이 큰 감동을 준다.

가진 것 없는 진평이 청상과부에게 장가들다

08

진 승상 세가

陳丞相世家

승상 진평(陳平)은 양무(陽武)의 호유현(戶牖縣) 사람이다. 젊었을 때 집은 가난했으나 책 읽기를 즐겨 했다. 밭 30무[畝, 이랑]가 있었는데, 형 진백(陳伯)과 함께 살았다. 진백은 항상 밭 가는 일을 하면서도 진평이 마음대로 밖에 나가 공부하도록 했다. 진평은 키도 크고 뜻도 크며 외모도 빼어났다. 어떤 사람이 진평에게 말했다.

"가난한데 무얼 먹어 이렇듯 잘생겼는가?"

진평이 집안을 살피지도 않고 농사일을 돌보지도 않는 것을 핀잔하며 그의 형수가 말했다.

"쌀겨나 먹고살 수밖에. 시동생이 이러니 없는 편이 낫지."

진백이 이 말을 듣고는 아내를 내쫓아 버렸다.

진평이 성장하여 아내를 맞이할 때가 되었는데, 부자들은 그에게 딸을 주려고 하지 않았고, 가난한 집 여자를 얻는 것은 진평 또한 부끄러웠다. 한참이 지났다. 호유현의 부자 장부(張負)[12]라는 사람이 있었는데, 그의 손녀딸이 다섯 번이나 시집을 갔으나 남편이 연달아 죽어 아무도 그녀에게 더는 장가들려 하지 않았다. 진평은 그녀를 아내로 맞이하려고 했다. 그 당시 마을에 상을 당한 사람이 있었는데, 진평은 가난했으므로 먼저 가서 늦게 돌아오는 방법으로 상갓집 일을 도왔다. 장부가 상가에서 진평을 보고는 유독 돋보이는 그의 외모를 주시했고, 진평 또한 장부에게 잘 보이려고 늦게 상가를 떠났다. 장부가 진평을 따라 그의 집으로 가 보니 그의 집은 성곽을 등진 막다른 골목에 있었고 해진 자리로 문을 만들어 놓았는데 그 문 밖에 마을 장자(長者)들의 수레바퀴 자국이 많이 나 있었다. 장부가 집으로 돌아와 아들 장중(張仲)에게 일러 말했다.

"나는 손녀를 진평에게 주려고 한다."

장중이 말했다.

"진평은 집이 가난한데도 생업에 종사하지 않아 온 고을 사람들이 모두 그가 하는 것을 비웃는데, 어찌하여 [손녀]딸을 그에게 주려고 하십니까?"

장부가 말했다.

---

12 사람 이름인데 이것을 장씨 성의 여인이라고 해석하기도 한다. '부(負)'는 '부(婦)' 자와 통용자이기 때문이다.

"사람 가운데 누가 진실로 진평처럼 외모가 빼어난데도 끝까지 가난하고 미천하게 지내겠는가?"

마침내 손녀딸을 주었다.

해설

진평이 부잣집에 장가들 수 있었던 것은 자신의 가능성을 신뢰하도록 처신했기 때문이다. 진평은 장씨 손녀에게 장가든 후 재물이 나날이 넉넉해졌고 교류의 폭도 날로 넓어졌다. 나중에는 고조를 도와 모반한 한신을 사로잡는 공을 세우고 여섯 가지 계책을 내어 제국의 기초를 굳건히 하는 데 기여한다. 물론 진평을 일부러 박복한 여자를 아내로 맞이한 기회주의자로 폄하할 수도 있다. 하지만 가난한 집안에 장가들지 않고 남편이 연달아 죽은 부잣집 딸과 결혼한 것은 진평이 훗날의 기회를 엿보았기 때문이다. 이 이야기는 능력을 발휘하려면 어느 한 가지를 포기해야 하며 모든 것을 다 얻으려다 보면 자신에게 주어진 기회를 살리기 어렵다는 것을 보여 준다. 누구든 성공하고 싶어 하지만, 기회가 왔을 때 선택은 전적으로 자신의 몫이다. 어쩌다 한번 찾아오는 기회를 진평은 잘 살려 〈세가〉에 편입되었고 다른 사람들은 그러지 못했던 것이다.

죄인을 상객으로 대우하고 마부를 대부로 삼은 안영

09

관·안 열전

管晏列傳

월석보(越石父)가 어진 사람이었으나 포승줄로 묶인 몸이 되었다. 안자[안영(晏嬰)]는 밖에 나갔다가 길에서 우연히 그와 마주쳤다.[13] 안자는 자기 마차의 왼쪽 말을 풀어 속죄금으로 내주고 [월석보를] 마차에 태워 함께 집으로 돌아왔다. [집에 이른 안자는] 인사말도 없이 내실로 들어가 버렸다. [안자가 내실에서] 한참 머물자 월석보는 절교하자고 청했다. 안자는 화들짝 놀라 옷과 모자를 바로 하고 사과하며 말했다.

"저 안영이 어질지는 못하지만 당신이 어려울 때 구해 드렸는데 어찌

13 가벼운 죄를 지은 죄수는 노역에 종사하거나 외출할 수 있었지만 저녁이 되면 반드시 감옥으로 돌아와야 했다.

당신은 이토록 빨리 인연을 끊으려 하십니까?"

월석보가 말했다.

"그렇지 않습니다. 제가 듣건대 군자는 자기를 알아주지 않는 자에게는 [자신의 뜻을] 굽히지만 자기를 알아주는 자에게는 [자신의 뜻을] 펼친다고 합니다. 제가 죄인의 몸일 때 저 옥리(獄吏)[14]들은 저에 대해 모르고 있었습니다. 그러나 당신은 깨달은 바가 있어 속죄금을 내어 저를 구해 주었으니 이는 저를 알아준 것입니다. 저를 알아주면서도 예의를 갖추지 않는다면 진실로 죄인의 몸으로 있는 편이 낫습니다."

그러자 안자는 [월석보를] 안으로 들여 상객(上客)[15]으로 대우했다.

안자가 제나라 재상이 되어 밖으로 나가려 할 때 마부의 아내가 문틈으로 자기 남편을 엿보았다. 남편은 [마차의] 큰 차양을 받쳐 들고 말 네 필에 채찍질을 하면서 의기양양하며 자못 만족스러운 표정이었다. 시간이 지나 [마부가] 돌아오자 그 아내는 헤어지자고 요구했다. 남편이 까닭을 묻자 아내가 대답했다.

"안자라는 분은 키가 여섯 자도 채 못 되는데 몸은 제나라의 재상이 되어 제후들에게 이름을 떨치고 있습니다. 오늘 제가 그분이 외출하는 모습을 살펴보니 품은 뜻이 깊고 항상 자신을 낮추는 겸손한 태도가 있었습니다. 그런데 지금 당신은 키는 여덟 자나 되건만 겨우 남의 마부 노릇을 하면서도 아주 의기양양해 하고 있습니다. 이것이 소첩이 헤어

---

14 감옥에서 죄수를 감시하는 관리.

15 존귀한 빈객.

지자고 하는 까닭입니다."

이 일이 있은 뒤 마부는 겸손해졌다. 안자가 이상한 생각이 들어 물어보자 마부는 있는 그대로 대답했다. 안자는 그를 추천하여 대부(大夫)[16]로 삼았다.

해설

안자는 죄인에게도 허리를 굽히고 그의 말을 듣는 겸허한 자세를 갖추고 있었다. 마부의 아내는 자신의 남편에게 이러한 안자의 처세 방식을 배우라고 한 것이다. 자신의 처세를 배워 겸허하게 바뀐 마부를 대부로 삼은 안자의 인품 또한 돋보이는 이야기다. 당시 사회에서 마부는 그저 하층민이었을 뿐이니 신분을 초월해 대부로 임명하는 일 자체가 거의 불가능했을 것이다.

인품과 처세는 표리의 관계처럼 함께 굴러가는 것이다. 한 사람의 삶의 격을 결정짓는 것이 인품이라면 처세는 타인들과의 관계 속에서 살아가는 방식의 문제다.

16 대부는 경(卿)보다 낮은 관직으로 상, 중, 하 등급이 있다.

훌륭한 상인은 물건을 깊숙이 숨겨 둔다

10

노자·한비 열전

老子韓非列傳

◉ 공자가 주나라에 머무를 때 노자(老子)에게 '예(禮)'[17]를 묻자 노자는 이렇게 대답했다.

"당신이 말하려는 그 성현들은 이미 뼈가 다 썩어 없어지고 오직 그 말만이 남아 있을 뿐이오. 또 군자는 때를 만나면 관리가 되지만 때를 만나지 못하면 바람에 이리저리 날리는 다북쑥처럼 떠돌이 신세가 되오. 훌륭한 상인은 [물건을] 깊숙이 숨겨 두어 텅 빈 것처럼 보이게 하고 군자는 아름다운 덕을 지니고 있지만 모양새는 어리석은 것처럼 보

17 '예'란 귀족들의 모든 행위를 규범화한 합리적 형식을 가리키는 말로 '의(儀)'와 통하며, 주나라의 예를 가리킨다. 이 '예'는 '인'의 출발점이자 귀결점으로 공자에게는 이상적인 지배 질서이며 한 나라를 이루는 근본 원리였다.

인다고 했소. 그대의 교만과 지나친 욕망, 위선적인 표정과 끝없는 야심을 버리시오. 이러한 것들은 그대 자신에게 아무런 도움도 되지 않소. 내가 그대에게 알려 주는 까닭은 이와 같기 때문이오."

공자는 돌아와서 제자들에게 일러 말했다.

"새는 잘 난다는 것을 나는 알고 물고기는 헤엄을 잘 친다는 것을 나는 알며 짐승은 잘 달린다는 것을 나는 안다. 달리는 것은 그물을 쳐서 잡을 수 있고 헤엄치는 것은 낚시를 드리워 낚을 수 있고 나는 것은 화살을 쏘아 잡을 수 있다. [그러나] 용이라면 그것이 어떻게 바람과 구름을 타고 하늘로 올라가는지 나는 알 수 없다. 내가 오늘 만난 노자는 용 같은 존재였구나!"

노자는 도(道)와 덕(德)을 닦고, 학문을 숨겨 헛된 명성을 없애는 데 힘썼다. 오랫동안 주나라에서 살다가 주나라가 쇠락해 가는 것을 보고는 그곳을 떠났다. [그가] 함곡관(函谷關)에 도착하자 관령(關令) 윤희(尹喜)[18]가 말했다.

"선생께서는 장차 은둔하려 하시니 [저에게] 억지로라도 책을 지어 주십시오."

---

18 주나라 대부로서 별자리 보는 법도 익혔고 인덕도 있었으나 세상 사람들에게 알려져 있지 않았다. 그는 노자가 온다는 것을 만물의 기운을 보고 미리 알아차렸으며 그 행적을 추적하여 노자를 만났다. 노자 또한 윤희를 범상치 않은 인물로 보아 책을 지어 주고는 함께 서쪽으로 갔다고 전한다. 책은 모두 아홉 편으로 구성되어 있으며《관령자(關令子)》라고 이름했다고 한다. 이렇게 보면 윤희가 간직한 책은《도덕경(道德經)》과는 다른 책임을 유추할 수 있다.

그리하여 노자는 책 상·하편을 지어 '도'와 '덕'의 의미를 5000여 자로 말하고 떠나가 버렸고 그가 어떻게 여생을 살았는지는 아무도 모른다.

● 해설 ●

공자의 말 가운데 새와 물고기와 짐승은 현세적 가치를 말하고 노자를 비유한 용은 형이상학적 도를 말한다. 공자는 제자들에게 아직 자신이 노자의 경지에 이르지 못했음을 겸허히 인정하는 동시에, 현세적 질서와 예절을 중시하는 유가의 삶과 대비되는 도가의 삶을 담담하게 들려줌으로써 제자들이 스스로 숙고할 수 있게 했다. 공자가 생각하는 '예'란 인간을 좀 더 구속하고 계도하여 좋은 방향으로 나아가게 하는 것인데, 노자는 그 자체가 잘못된 발상이라 여긴다. 군자라면 자신의 덕을 과장되게 하며 사람 앞에 나서서 말하고 다녀서는 안 된다는 것이다. 노자가 말하는 무위(無爲)의 개념은 글자 그대로 아무것도 하지 않는 것이 아니라 움직임의 폭과 강도를 줄이고 느리게 가라는 의미다. 노자가 말한 대로 큰 나라를 다스리는 자는 법령을 너무 빨리 바꾸지 말고 백성들이 법이 있다고 느끼지도 못할 만큼 자연스럽게 통치해야 한다. 마치 깊은 물이 소리를 내지 않는 것처럼 말이다.

밥 한 그릇과 물 한 바가지로 즐거워하는 안회

11

중니 제자 열전

仲尼弟子列傳

◉ 안회(顔回)는 노나라 사람으로 자(字)[19]는 자연(子淵)이며 공자보다 서른 살 아래이다.

안연(顔淵)이 인(仁)에 대해 묻자, 공자는 말했다.

"자기의 사사로운 욕심을 이기고 바른 예(禮)로 돌아가면[극기복례(克己復禮)] 세상 사람들이 인으로 돌아갈 것이다." [《논어》〈안연〉]

공자는 [또 안회에 대해서] 말했다.

"어질구나, 회여! 밥 한 그릇과 물 한 바가지로 누추한 뒷골목에서 살고 있으니 다른 사람들은 그것을 견뎌 내지 못할 텐데, 안회는 자기가 즐겨 하는 바를 바꾸지 않는구나!" [《논어》〈옹야〉]

---

19 본이름 대신 부르는 이름.

"안회는 [배울 때 듣고만 있어] 어리석은 것 같지만 물러가 행동하는 것을 살펴보면 [내가 해 준 말들을] 완벽하게 실천하고 있었다. 안회는 어리석지 않구나!" [《논어》〈위정〉]

"벼슬에 나가게 되면 도를 실행하고 물러나면 조용히 도를 즐길 수 있는 사람은 오직 나와 너뿐이구나!" [《논어》〈술이〉]

안회는 스물아홉에 머리가 하얗게 세더니 젊은 나이에 죽었다. 공자는 제자의 죽음을 매우 슬퍼하고 소리 내어 울면서 탄식했다.

"나에게 안회가 있은 뒤부터 제자들이 나와 더욱 친숙해졌다."

노나라 애공(哀公)이 공자에게 물었다.

"제자들 중에서 누가 배우기를 좋아합니까?" [《논어》〈옹야〉]

공자가 대답했다.

"안회라는 자가 있어 배우기를 좋아하고 노여움을 [남에게] 옮기지 않고, 같은 잘못을 되풀이하지 않았는데 불행하게도 젊은 나이에 죽었습니다. 지금은 [세상에 배우기를 좋아하는 자가] 없습니다." [《논어》〈옹야〉]

● 해설 ●

공자는 일흔일곱 명의 제자들 가운데 덕행이 남다른 안회를 지극히 아꼈다. 사마천도 〈백이 열전(伯夷列傳)〉 편에서 "안연은 늘 가난해서 술지게미와 쌀겨 같은 거친 음식조차 배불리 먹지 못하고 끝내 젊은 나이에 죽고 말았다. 하늘이 착한 사람에게 복을 내려 준다면 어찌 이런 일이 있을 수 있는가?"라고 하면서 그의 죽음을 애통해 했다. 안회는 공자 곁에서 스승의 마음을 헤아리는 제자였다. 어느 날 공자가 자신이 광야에서 헤매는 코뿔소나 호랑이 같다고 푸념하자 안회는 “선생님의 도가 지극히 크기 때문에 천하에서 받아들이지 못합니다. …… 받아들여지지 않은 연후에 군자의 모습이 드러날 것입니다.” 하고 말했다. 이처럼 그는 세상과의 무조건적 타협을 경계하면서 스승의 입장을 세워 주려 했던 배려심 깊은 제자였다.

군주가 의심하면 잠시 떠나 때를 기다려야 하는 법

12

범저·채택 열전

范雎蔡澤列傳

범저(范雎)[20]는 위(魏)나라 사람으로 자는 숙(叔)이다. 그는 제후들에게 유세하여 위나라 왕을 섬기려고 했다. 그러나 가난하여 스스로는 자금을 마련할 수 없어 우선 위나라 중대부(中大夫) 수고(須賈)를 섬겼다.

수고가 위나라 소왕(昭王)의 사자로 제나라에 갈 때 범저도 따라갔다. 그러나 몇 달 동안 머물러 있어도 [등용한다는] 통보를 받지 못했다. 제나라 양왕(襄王)은 범저가 변론에 뛰어나다는 말을 듣고 사람을 시켜 금 열 근과 쇠고기와 술을 보냈다. 하지만 범저는 거절하고 함부

---

20 원문에는 '수(睢)'로 되어 있으나 '저(雎)'로 바로잡았다. 청 대의 학자 왕선신(王先愼)의 《한비자집해(韓非子集解)》에도 '범저(范雎)'로 표기되어 있다.

로 받지 않았다. 수고는 이 사실을 알고 무척 화를 내며 범저가 위나라의 비밀을 제나라에 알려 주었기 때문에 이런 선물을 받게 됐다고 생각했다. 그는 범저에게 쇠고기와 술만 받고 금은 돌려주도록 했다. 이윽고 [위나라로] 돌아온 뒤 수고는 마음속으로 노여움을 품고 범저가 제나라로부터 선물을 받은 일을 위나라 재상에게 말했다.

위나라 재상은 위나라의 여러 공자 가운데 한 사람으로 위제(魏齊)라 했다. 위제는 매우 화를 내면서 사인을 시켜 범저를 매질하게 하여 [범저는] 갈비뼈가 나가고 이가 부러졌다. 범저가 죽은 척하자 대자리에 둘둘 말아서 변소에 내버려 두었다. 빈객들이 술을 마시다 취하여 번갈아 가며 그의 몸에 오줌을 누었다. 이는 일부러 그를 모욕하여 나중에 함부로 말하는 자가 없도록 경계하려고 한 것이다. 범저가 대자리에 싸인 채 [자신을] 지키고 있는 자에게 이렇게 말했다.

"당신이 나를 여기서 나갈 수 있게 해 주면 내 반드시 후하게 사례하겠소."

[범저를] 지키던 자가 대자리 속의 시체를 버리겠다고 하자, 위제는 술에 취하여 그렇게 하라고 했다. [이렇게 하여] 범저는 빠져나올 수 있었다. 나중에 위제는 이를 후회하고 다시 범저를 찾게 했다. 위나라 사람 정안평(鄭安平)이 이 소문을 듣고 범저를 데리고 달아나 숨어 살았다. [범저는] 성과 이름을 바꿔 장록(張祿)이라고 했다.

해설

이런 수모를 겪고 나서 범저는 진나라 재상이 된다. 다른 나라에서 건너온 객경(客卿)인 그는 진나라 출신들에게 끊임없이 견제를 받으면서도 소왕에게 늘 인재 등용의 포용적 원칙을 강조했다. 위나라 수고는 훗날 범저에게 "제 머리카락을 모두 뽑아 속죄하더라도 오히려 부족합니다."라면서 과거에 자신이 저지른 죄를 빌었다.

때로는 비밀을 간직하라

13

편작·창공 열전
扁鵲倉公列傳

편작(扁鵲)은 발해군(勃海郡) 정읍(鄭邑)[21] 사람으로 성은 진(秦)이고 이름은 월인(越人)이다. 그는 젊을 때 다른 사람이 운영하는 여관의 관리인으로 있었다. 객사에 장상군(長桑君)[22]이라는 자가 와 머물곤 했는데, 편작만이 그를 특이한 인물로 여겨 언제나 정중하게 대했다. 장상군 역시 편작이 평범한 사람이 아니라는 것을 알았다. 장상군은 객사를 드나든 지 십여 년쯤 되었을 때 가만히 편작을 불러 마주 앉아 조용히 말했다.

"나는 비방을 가지고 있는데 이제 늙어 그대에게 전해 주고 싶으니,

21 《색은(索隱)》에서는 발해군에 정읍이 없었다면서 막읍(鄚邑)의 오기라고 했다.
22 '군'은 고대 사람들에 대한 존칭이고 '장상'은 성이다.

그대는 누설하지 마시오."

편작이 말했다.

"삼가 그렇게 하겠습니다."

이에 [장상군은] 품속에서 약을 꺼내 편작에게 주면서 말했다.

"이 약을 땅에 떨어지지 않은 이슬에 타서 마신 뒤 삼십 일이 지나면, 반드시 사물을 꿰뚫어 볼 수 있을 것이오."

그러고는 비방이 적힌 의서를 꺼내 모두 편작에게 주고는 홀연히 사라졌는데 거의 사람이 아닌 듯했다. 편작은 장상군의 말대로 약을 먹은 지 삼십 일이 지나자 담장 너머 저편에 숨어 있는 사람이 보였다. 이러한 능력으로 환자를 보니 오장 속 질병의 뿌리가 훤히 보이므로 겉으로는 맥을 짚어 관찰하는 척만 할 뿐이었다. 그는 의원이 되어 제나라에 머물기도 하고 조나라에 머물기도 했는데, 조나라에 있을 때 편작으로 일컬어졌다.

해설

사람이 처신할 때 기본 원칙이 하나 있으니, 때로는 자신의 신비감을 간직하고 함부로 드러내지 말라는 것이다. 사람이란 어느 하나를 알고 있으면 남에게 말하고 싶어 하지만 때론 그것이 독화살이 되어 자신을 수렁으로 빠뜨리는 경우가 적지 않다. 비방(秘方)이란 자기 혼자 가지고 있을 때 효과를 발휘하는 법이다. 편작이 명의라고 일컬어지는 이유는 탁월한 의술을 혼자만 간직하고 있었기 때문이다.

제3부

자신을 믿고 결단하라

새로 만든 법은 믿음 속에서 꽃필 수 있다

01

상군 열전
商君列傳

◉ 법령에 따르면, 열 집 또는 다섯 집을 한 조로 묶어 서로 잘못을 감시하도록 하고, [한 집이] 죄를 지으면 [그 조가] 똑같이 벌을 받는다. 죄 지은 것을 알리지 않는 사람은 허리를 자르는 벌로 다스리고, 또 그것을 알린 사람에게는 적의 머리를 벤 것과 같은 상을 주며, 죄를 숨기는 사람은 적에게 항복한 사람과 똑같은 벌을 준다. 백성 가운데 [한 집에] 성년 남자가 두 명 이상인데 세대가 분리되어 있지 않으면 부역과 부세를 두 배로 한다. 군대에서 공을 세운 사람은 각각 그 공의 크고 작음에 따라 벼슬을 올려 주고, 사사로이 싸움을 일삼는 자는 각각 그 죄의 가볍고 무거움에 따라 크고 작은 형벌을 받는다. 본업에 힘써 밭을 갈고 길쌈을 하여 곡식이나 비단을 많이 바치는 사람에게는 부역과 부세를 면제한다. 상공업에 종사하

여 이익만을 추구하는 자와 게을러서 가난한 자는 모두 체포하여 관청의 노비로 삼는다.[1] 군주의 친척이라도 싸워 공을 세우지 못하면 심사를 거쳐 족보에 소속되지 않도록 한다. [신분상의] 존비(尊卑), 작위와 봉록의 등급을 분명히 하고 토지와 집, 신첩(臣妾), 의복을 그 집안의 작위에 따라서 차등을 둔다. [군대에서] 공을 세운 사람은 영예를 누리지만 군대에서 공을 세우지 못한 사람은 부유해도 정치적으로 존경받을 수 없다.

[이와 같은] 법령이 이미 갖추어졌으나 널리 알리기 전이라 백성이 믿지 않을까 염려되었다. 그래서 [상앙(商鞅)은] 세 길이나 되는 나무를 도성 저잣거리의 남쪽 문에 세우고 백성들을 불러 모아 말했다.

"이 나무를 북쪽 문으로 옮겨 놓는 자에게는 십 금(金)을 주겠다.

백성들은 이상히 여겨 아무도 옮기지 않았다. 다시 말했다.

"[그것을] 옮기는 자에게는 오십 금을 주겠다."

어떤 사람이 그것을 옮겨 놓자 즉시 오십 금을 주어 나라에서 백성들을 속이지 않는 점을 분명히 했다. 마침내 새 법령을 널리 알렸다.

---

1 상공업에 종사하는 사람들은 일정한 거주지를 중심으로 생활하는 농민과 달리 유동적 삶을 살아가므로 전쟁 같은 위기 상황이 생기면 그 집이나 마을을 지킬 수 없기 때문에 이렇게 한 것이다.

해설

진나라의 상앙은 한비 이전에 법가의 기초를 닦은 인물이다. 그가 도입한 엄격한 상벌 체계와 주민 감시 체계 등의 변법은 진나라가 다른 여섯 나라와 달리 중앙 집권 국가로 빠르게 성장하는 밑거름이 되었다. 상앙은 봉건적인 옛 제도와 유산을 없애고 귀족들의 세습적 특권을 박탈했으며, 요순시대를 찬미하는 지식인들의 사상도 엄금했다. 진나라의 천하 통일을 전후한 이 시기에 중국에서는 법가가 등장했는데 상앙은 효공(孝公)의 절대적 신임을 받으며 강압적인 사회 개혁을 단행했다. 변화와 개혁은 '빠름'이라는 도구를 필요로 한다. 이것저것 따져 보는 것도 중요하지만 현실에 부딪쳐 가면서 리스크를 줄여 나가는 것도 역사가 전해 주는 교훈이다. 당시에는 봉건적인 옛 제도를 없애고 군주의 절대 권력 확립에 필요한 혁신적인 조치를 단행할 필요가 있었다. 하지만 백성들이 쉽게 따르지 않자 상앙은 일단 사소한 사례를 보이며 믿음을 주려 한 것이다. 결국 상앙의 개혁은 성공하여 천하 통일의 기반을 확고히 구축하게 된다.

관리가 되느니 시궁창에서 노닐겠다

02

노자·한비 열전

老子韓非列傳

장자(莊子)[자는 주(周)이다]는 빼어난 문사로 세상일을 살피고 인간의 마음에 어울리는 비유를 들어 유가와 묵가를 예리하게 공격했다. 그의 말은 거센 물결처럼 거침없이 생각대로 펼쳐졌으므로 왕공(王公)이나 대인(大人)들도 그를 기용하지 못했다.

초나라 위왕(威王)은 장주(莊周)가 현명하다는 말을 듣고 사신을 보내 후한 예물을 주고 재상으로 맞아들이려고 했다. 그러나 장주는 웃으며 초나라 왕의 사신에게 말했다.

"천금(千金)은 막대한 이익이고, 경상(卿相)이란 높은 지위지요. 그대는 교제(郊祭)를 지낼 때 희생물로 바쳐지는 소를 보지 못했소? 그 소는 여러 해 동안 잘 먹다가 화려한 비단옷을 입고 결국 종묘로 [끌려] 들어가게 되오. 이때 그 소가 [몸집이] 작은 돼지가 되겠다고 한들 어찌 그렇게 될 수 있겠소? 그대는 빨리 돌아가 나를 욕되게 하지 마시오. 나는 차라리 더러운 시궁창에서 노닐며 스스로 즐길지언정 나라를 가진 제후들에게 얽매이지는 않을 것이오. 죽을 때까지 벼슬하지 않고 내 마음대로 즐겁게 살고 싶소."

해설

인간이 만든 제도와 사회관계에 냉소적이었던 장자는 어떤 자리를 위해 자신의 모든 것을 희생해 가며 남의 잣대에 따라 사는 것을 거부한다. 장자는 관리가 되는 것을 교제에 바쳐지는 소에 비유하며 쓸데없는 일에 얽매여 한평생 허송세월을 하다가 생을 마치지 않겠다고 말한다. 권력과 지위 다툼으로부터 벗어나 삶을 관조하는 것이 훨씬 더 값지다며 절대 권력자의 제안을 거부하는 그의 용기와 소신이 돋보인다.

군령은 생명과도 같다

03

사마양저 열전
司馬穰苴列傳

사마양저(司馬穰苴)[2]는 전완(田完)의 후예다. 제나라 경공(景公) 때 진(晋)나라가 아읍(阿邑)과 견읍(甄邑)을 치고 연나라가 황하 부근을 침략했는데 제나라 군사들이 완패했다. 경공이 상당히 걱정하자 안영은 전양저(田穰苴)를 추천하며 말했다.

"양저는 비록 전씨의 서출이지만 그의 사람됨과 글은 많은 사람의 마음을 사로잡고 무예는 적군을 위협할 만하니, 원컨대 군왕께서 그를 시험해 보십시오."

경공은 양저를 불러 군대의 일에 관해서 이야기를 나눠 보고는 매우 기뻐하며, 그를 장군으로 삼아 군사를 이끌고 가서 연나라와 진나라의

2 '사마'란 군사 업무를 책임지는 일이다.

군사를 막도록 했다. 양저가 말했다.

"저는 본래 미천한 신분인데, 왕께서 이러한 저를 백성들 가운데서 뽑아 대부의 윗자리에 두셨습니다. 그러나 병졸들은 복종하지 않고 백성들은 믿지 않으니 저는 권세가 미미하고 보잘것없는 존재에 지나지 않습니다. 바라건대 군왕께서 총애하고 온 백성이 존경하는 신하를 감군(監軍)[3]으로 삼으면 될 것입니다."

그리하여 경공은 양저의 부탁을 받아들여 장가(莊賈)를 보내기로 했다. 양저는 제나라 경공에게 하직 인사를 드린 뒤 장가와 이렇게 약속했다.

"내일 해가 중천에 뜨면 군문(軍門)[4]에서 만납시다."

[이튿날] 양저는 수레를 빨리 달려 먼저 군영으로 가서 해시계와 물시계를 마련해 놓고 장가를 기다렸다. 원래 장가는 교만한 사람으로, 장군이 이미 군영에 가 있으니 감군인 자신은 그렇게 서두를 필요가 없다고 생각했다. 친척과 측근들이 그를 전송하자 머물며 술을 마셨다. 해가 중천에 떠도 장가가 오지 않았다. 양저는 해시계를 엎고 물시계를 쏟아 버리고는 군영으로 들어가 병사들을 지휘하며 약속한 사실을 선포했다. 약속한 사실이 이미 선포되고 저녁때가 되어서야 장가가 드디어 도착했다. 양저가 말했다.

"어째서 약속 시간보다 늦었습니까?"

---

3 군사를 감독하는 관리, 곧 군대의 감찰관.

4 군영의 정문.

장가가 사과하며 말했다.

“대부들과 친지들이 송별연을 열어 주어 지체되었소.”

양저는 말했다.

“장수란 명령을 받은 그날부터 그 집을 잊고, 군영에 이르러 군령이 확정되면 그 친척들을 잊으며, 북을 치며 급히 나아가 공격할 때에는 그 자신을 잊어버려야 합니다. 지금 적국이 깊숙이 쳐들어와 나라가 들끓고 병사들은 국경에서 뜨거운 햇살과 이슬을 맞고 있으며 군왕께서는 편히 잠자리에 들지 못하고 음식을 드셔도 단맛을 모릅니다. 백성의 목숨이 모두 당신에게 달려 있거늘 무슨 송별회란 말입니까?”

그러고 나서 군정(軍正)[5]을 불러 물었다.

“군법에는 약속 시간이 되었는데 늦게 도착한 자에게는 어떻게 하도록 되어 있소?”

군정이 대답했다.

“마땅히 베어야 합니다.”

장가는 두려워서 사람을 보내 급히 경공에게 이 일을 알리고 구해 달라고 요청했다. 양저는 경공에게 갔던 사람이 돌아오기도 전에 장가의 목을 베어 전군에 돌려 본보기로 삼았다. 전군의 병사는 모두 두려워 벌벌 떨었다. 한참 뒤 경공이 보낸 사자가 장가를 사면하라는 부절을 가지고 말을 달려 군영 안으로 들이닥쳤다. 그러자 양저가 말했다.

“장수가 군영에 있을 때에는 왕의 명령도 받들지 않을 수 있소.”

---

5 군대의 법무관.

그러고는 군정에게 물었다.

"군영 안에서 말을 달리면 군법에는 어떻게 처리하도록 되어 있소?"

군정이 말했다.

"마땅히 베어야 합니다."

이 말을 들은 사자는 몹시 두려워했다. 양저가 말했다.

"군왕의 사자이니 죽일 수는 없소."

그러고는 그 사자의 마부를 베고 수레의 왼쪽 곁나무[부목(駙木)]를 가르고 왼쪽 곁마의 목을 쳐 전군에 본보기로 삼았다. [양저는] 사자를 보내 군왕에게 다시 보고하고 나서 싸움터로 나갔다.

해설

모든 일은 공사(公私)의 구분에서 시작된다. 법과 원칙의 이행은 조직을 관리하고 다스리는 자가 필수적으로 갖추어야 하는 기본적 자질이다. 양저는 춘추 시대 말기 서자(庶子) 출신으로 문장과 무예가 뛰어나 제나라 대부와 재상 안영의 추천으로 장군이 되었다. 그는 군법의 엄정함을 내세워 지위 고하를 막론하고 엄격하게 지키도록 했다. 또한 병사들을 잘 챙겨 주고 자신도 병사들과 똑같이 먹었다. 양저는 병사들의 마음을 얻어 공을 세울 수 있었고 나중에 대사마(大司馬)의 자리까지 올라갔으며 날이 갈수록 더욱 존경받았다.

왕의 궁녀를 베어 군령의 위엄을 보인 손자

04

손자·오기 열전
孫子吳起列傳

손자, 즉 손무(孫武)는 제나라 사람인데, 병법 때문에 오나라 왕 합려를 만나게 되었다. 합려가 말했다.

"그대가 쓴 열세 편[6]을 내가 모두 읽어 보았소. 작게나마 군대를 한 번 지휘해 보일 수 있겠소?"

[손자가] 대답했다.

"좋습니다."

합려가 물었다.

---

6 《손자병법》을 말한다. 《손자병법》에는 〈시계(始計)〉, 〈작전(作戰)〉, 〈모공(謀攻)〉, 〈군형(軍形)〉, 〈병세(兵勢)〉, 〈허실(虛實)〉, 〈군쟁(軍爭)〉, 〈구변(九變)〉, 〈행군(行軍)〉, 〈지형(地形)〉, 〈구지(九地)〉, 〈화공(火攻)〉, 〈용간(用間)〉 열세 편이 있다.

“부녀자로도 시험해 볼 수 있소?”

[손자가] 답했다.

“가능합니다.”

손무가 이 제의를 받아들이자 합려는 궁중의 미녀 180명을 불러들였다. 손자는 [그들을] 두 편으로 나누어 왕이 총애하는 후궁 두 명을 각 편의 대장으로 삼고는 [모든 이에게] 창을 들게 하고 물었다.

“여러분은 자신들의 가슴, 왼손, 오른손, 등을 알고 있는가?”

부녀자들이 대답했다.

“알고 있습니다.”

손자가 말했다.

“‘앞으로!’ 하면 가슴 쪽을 바라보고, ‘좌로!’ 하면 왼손 쪽을 바라보며, ‘우로!’ 하면 오른손 쪽을 바라보고, ‘뒤로!’ 하면 등 뒤쪽을 보도록 하라.”

부녀자들은 대답했다.

“알겠습니다.”

약속이 공포된 뒤 부월(鈇鉞)[7]을 마련해 놓고 여러 차례 명령을 내렸다. 그런데 북을 쳐 오른쪽으로 행진하도록 했으나 부녀자들은 큰 소리로 웃기만 했다. 손자가 말했다.

“약속이 분명하지 않고 명령에 숙달되지 않은 것은 장수의 죄다.”

그러고는 다시 여러 차례 명령을 되풀이하고 북을 쳐 왼쪽으로 행진

---

7 옛날 군법에서 사람을 죽일 때 쓰던 도끼.

하도록 했지만 부녀자들은 다시 큰 소리로 웃기만 했다. 손자는 말했다.

"약속이 분명하지 않고 명령에 숙달되지 않은 것은 장수의 죄이지만, [약속이] 이미 분명해졌는데도 법에 따르지 않는 것은 사졸들의 죄다."

그러고는 좌우 대장의 목을 베려고 했다. 오나라 왕은 누대 위에서 지켜보고 있다가 자신이 총애하는 희첩들의 목을 베려는 것을 보고는 몹시 놀라 급히 전령을 보내 명을 내려 말했다.

"과인은 이미 장군이 용병에 뛰어나다는 것을 알았소. 과인은 이 두 희첩이 없으면 음식을 먹어도 단맛을 모르니 바라건대 목을 베지 말아 주시오."

손자가 말했다.

"저는 이미 명을 받아 장수가 되었습니다. 장수가 군에 있을 때에는 군주의 명이라도 받들지 않는 경우가 있습니다."

손자는 결국 두 사람을 베어 [모두에게] 보여 주었다. 그러고는 그들 다음으로 왕의 총애를 받는 후궁을 대장으로 삼고 다시 북을 쳤다. 부녀자들은 모두 왼쪽으로, 오른쪽으로, 앞으로, 뒤로, 꿇어앉기, 일어서기 등을 자로 잰 듯 먹줄을 긋듯 정확하게 하며 아무런 불평도 하지 않았다. 손자는 전령을 보내 오나라 왕에게 말했다.

"군대는 이미 잘 갖추어졌으니 왕께서는 시험 삼아 내려오셔서 보십시오. 왕께서 그들을 쓰고자 하신다면 물불을 가리지 않고 뛰어들 것입니다."

오나라 왕은 말했다.

"장군은 그만 관사로 돌아가 쉬도록 하시오. 과인은 내려가 보고 싶지 않소."

손자가 말했다.

"임금께서는 한갓 이론만 좋아할 뿐 그것을 실제로 사용하실 수 없습니다."

그러자 합려는 손자가 용병술에 능통한 것을 알고는 마침내 그를 장군으로 삼았다. [그 뒤 오나라가, 서쪽의 강대국인] 초나라를 무찔러 영(郢)으로 진입하고, 북쪽으로 제나라와 진(晉)나라를 위협하여 제후들 사이에서 이름을 떨친 것은 손자가 [그와] 힘을 함께했기 때문이다.

해설

손자는 오왕이라는 뒷배를 믿고 자신을 무시한 궁녀들의 머리를 벤다. 왕이 총애하는 후궁의 목숨을 빼앗는 것은 좀처럼 쉽지 않은 일이다. 손자의 단호함을 인정해 주는 오나라 왕 합려의 아량 또한 남다르다. 합려는 쓴웃음을 삼키고 손자를 장군으로 받아들여 강대국 초나라의 땅을 빼앗고 제나라와 진나라를 위협해 마침내 천하에 이름을 날리게 된다.

속임의 기술, 6리인가 600리인가

05

굴원·가생 열전
屈原賈生列傳

굴원(屈原)이 [관직 좌도(左徒)[8]에서] 쫓겨난 뒤, 진나라는 제나라를 치려고 했다. 제나라가 초나라와 합종을 맺고 있으므로 진나라 혜왕이 걱정했다. 그래서 장의에게 거짓으로 진나라를 떠나 많은 예물을 초나라에 바치고 섬겨 이렇게 말하도록 했다.

"진나라는 제나라를 매우 미워하고 있습니다. 그런데 제나라는 초나라와 합종을 맺고 있습니다. 초나라가 정녕 제나라와 관계를 끊을 수 있다면, 진나라는 상(商)과 오(於)의 땅 600리를 바치겠습니다."

---

8 국왕 곁의 관리로 정치에 참여하여 조서나 명령을 내릴 때 초안을 잡고, 외교 협상 등의 일을 했다.

초나라 회왕(懷王)은 욕심이 생겨 장의의 말만 믿고 제나라와 국교를 끊고서 진나라로 사신을 보내 땅을 받아 오도록 했다. 그러나 장의는 그를 속여 이렇게 말했다.

"나 장의는 초나라 왕에게 땅 6리를 준다고 약속했지 600리라는 말은 들어 보지도 못했소."

초나라 사신은 성을 내며 돌아와 회왕에게 이 일을 말했다. 회왕은 화를 내며 군대를 크게 일으켜 진나라로 쳐들어갔다. 진나라도 곧바로 군대를 이끌고 맞서 싸웠는데 단(丹)과 석(淅)에서 초나라 군대를 크게 깨뜨려 8만 명의 목을 베고, 초나라 장수 굴개(屈匄)를 사로잡았으며, 드디어 초나라 한중(漢中) 지역마저 빼앗았다. 회왕은 나라 안의 군대를 다 동원하여 진나라 내부로 깊숙이 들어가 공격하여 남전(藍田)에서 싸웠다. 위나라는 그 소식을 듣고 초나라를 습격하여 등(鄧)까지 이르렀다. 초나라 병사들은 겁을 집어먹고 진나라에서 돌아왔지만, 제나라는 초나라가 우호 관계를 끊은 데 화가 치밀어 초나라를 도와주지 않았으므로, 초나라는 몹시 곤란한 지경에 처하게 되었다.

이듬해에 진나라는 한중 땅을 떼어 주면서 초나라와 화친을 맺으려고 했다. 초나라 왕은 말했다.

"땅은 얻고 싶지 않소. 원하는 바는 장의를 얻어 마음을 편안히 하는 것이오."

장의가 그 소식을 듣고 말했다.

"한 사람으로 한중 땅을 대신할 수 있다면 신을 초나라로 보내 주십시오."

그는 초나라로 가서 권세 높은 신하 근상(靳尙)에게 많은 예물을 주어 회왕의 총애를 받던 정수(鄭袖)가 궤변을 늘어놓게 했다. 회왕은 결국 정수의 말을 듣고 장의를 풀어 돌려보냈다.

이때 굴원은 이미 멀리 쫓겨나 다시 벼슬에 오르지 못했지만, 제나라에 사신으로 갔다가 초나라로 돌아와서 회왕에게 간했다.

"어찌하여 장의를 죽이지 않았습니까?"

회왕은 그제야 뉘우치며 장의를 뒤쫓게 했으나 따라잡을 수 없었다.

해설

글자 그대로 세 치 혀로 무장한 장의 앞에서 초나라 회왕은 한없이 무너져 내렸다. 그의 곁에 있는 애첩 정수도 한몫을 했다. 회왕은 당장 눈앞의 이익에 눈이 어두워 멀리 보라는 주위의 간언을 무시하고 무모한 전쟁을 일으켰다가 결국 진나라에 패해 영토를 거의 절반이나 잃었다. 장의의 용기와 결단력은 그가 위대한 유세가이면서도 뛰어난 연기력의 소유자임을 보여 준다. 결국 그의 공으로 인해 진나라는 초나라에 확고한 우위를 점하게 되었으니 말이다.

자객은 한번 떠나면 돌아오지 않는다

06

자객 열전
刺客列傳

마침내 [형가(荊軻)는] 출발했다.

태자와 [진시황의 암살 계획이라는 중차대한] 이 일을 알고 있는 빈객들이 모두 흰색 옷과 모자를 쓰고 그를 전송했다. 역수(易水) 가에 이르러 도로 신에게 제사를 지내고 여행길에 올랐다. 고점리(高漸離)가 축(筑)을 타고 형가는 여기에 맞춰 노래를 불렀다. 변치(變徵)[9]의 소리를 내자, 사람들이 모두 눈물을 떨구며 울었다. 형가는 앞으로 나아가며 이렇게 노래했다.

---

9 고대의 기본 음은 궁, 상, 각, 치, 우의 다섯 음으로 이루어졌고 변궁과 변치 두 음이 더 있었다. 변치는 각과 치 사이에 있어 오늘날의 F조에 해당하는데 슬픈 느낌의 소리를 낸다.

바람 소리는 소슬하고
역수는 차갑구나!
장사가 한번 떠나면
다시는 돌아오지 못하리.

다시 우성(羽聲)[10]으로 노래하니, 그 소리가 강개하여 사람들이 모두 눈을 부릅떴고 머리카락이 관을 찌를 듯 치솟았다. 이렇게 형가는 수레를 타고 떠났는데 끝내 [뒤를] 돌아보지 않았다.

드디어 진나라에 이르러 [형가는] 1000금이나 되는 예물을 진나라 왕이 남달리 아끼는 신하인 중서자(中庶子)[11] 몽가(蒙嘉)에게 주었다. 몽가는 형가를 위해서 진나라 왕에게 먼저 이렇게 말했다.

"연나라 왕은 참으로 대왕의 위엄을 두려워하여 감히 군사를 일으켜 대왕의 군대에 맞서지 않고 있습니다. 그는 나라를 들어 진나라의 신하가 되어서 제후들의 행렬에 참여하여 진나라의 군(郡)이나 현(縣)처럼 공물을 바쳐 선왕의 종묘를 받들어 지킬 수 있기만을 바라고 있습니다. 그렇지만 두려워서 감히 직접 와서 말하지 못하고 삼가 번오기(樊於期)[12]의 목을 베고 또 연나라 독항(督亢)[13]의 지도를 바치려고 상자에 넣어 봉해서 가져왔습니다. 연나라 왕이 궁정에서 증정 의식을 거행하고

---

10 오늘날의 A조에 해당하는데 강개하며 격앙된 소리를 낸다.
11 왕족의 호적을 관리하는 직책.
12 진나라 장수로 죄를 지어 연나라로 망명해 온 장수.
13 연나라의 기름진 땅.

사자를 보내 대왕께 [저간(這間)의 사정을] 말씀드리도록 했습니다. 대왕께서는 그에게 명령을 내려 주십시오."

진나라 왕은 이 말을 듣고 매우 기뻐하여 조정에 나갈 때 입는 예복을 갖추고 구빈의 예를 베풀어 연나라 사자를 함양궁(咸陽宮)에서 만나기로 했다. 형가가 번오기의 머리가 든 상자를 들었고, 진무양(秦舞陽)[14]이 독항의 지도가 든 상자를 들고 차례로 나아갔다. 계단 앞에 이르자 진무양이 얼굴빛이 변하면서 벌벌 떠니 신하들은 이를 괴히 여겼다. 형가는 진무양을 돌아보고 웃으며 앞으로 나아가 사과하며 말했다.

"북방 오랑캐 땅의 천한 사람인지라 일찍이 천자를 뵌 적이 없어서 떨며 두려워하는 것입니다. 부디 대왕께서는 이 사람의 무례를 용서하시고 대왕 앞에서 사신의 임무를 마치도록 해 주십시오."

진왕이 형가에게 말했다.

"진무양이 가지고 있는 지도를 가져오시오."

형가는 지도를 받아 진왕에게 바쳤다. 진왕이 지도를 펼쳤는데, 지도가 다 펼쳐지자 비수가 드러났다. 그러자 형가는 왼손으로는 진왕의 소매를 붙잡고 오른손으로는 비수를 쥐고 진왕을 찌르려 했다. [그러나 비수가] 몸에 닿기 전에 진왕이 놀라 몸을 스스로 당겨 일어서면서 소매가 떨어졌다. 진왕은 칼을 뽑으려 했지만 칼이 길어 뽑지 못하고 칼집만 잡았다. 너무 황급한 데다 꽉 꽂혀 있어서 곧바로 빠지지 않았다. 형가가 진왕을 쫓아가자 진왕은 기둥을 돌며 달아났다. 신하들은 모두

14 연나라 출신의 군인으로 형가의 부사(副使)로서 진시황 암살에 동행했다.

놀랐으나 뜻밖에 일어난 일이라 어찌할 바를 몰랐다. 그리고 진나라 법에 따르면 전(殿) 위에서 왕을 모시는 신하들은 한 자 한 치의 무기도 몸에 지닐 수 없었다. 낭중(郎中)들이 무기를 가지고 뜰아래에 늘어서 있었으나 왕이 부르기 전에는 전 위로 올라갈 수 없었다. 진왕은 다급한 나머지 아래에 있는 병사들을 부를 겨를이 없었다. 그래서 형가가 진왕을 좇아다닐 수 있었던 것이다. 사태가 급박해지자 [대신들은] 형가를 칠 무기가 없으니 맨손으로 내리쳤다. 이때 시의(侍醫)[15] 하무저(夏無且)는 가지고 있던 약주머니를 형가에게 던졌다. 진왕이 기둥을 돌며 달아날 뿐 당황하여 어찌할 바를 모르고 있을 때, 주위에 있던 신하들이 이렇게 말했다.

"왕께서는 칼을 등에 지십시오!"

[진왕은] 칼을 등에 지고서야 칼을 뽑아 형가를 내리쳐 그의 왼쪽 넓적다리를 베었다. 형가는 쓰러진 채 진왕에게 비수를 던졌지만 맞히지 못하고 구리 기둥을 맞혔다. 그러자 진왕이 다시 형가를 공격해 형가는 여덟 군데나 상처를 입었다. 형가는 스스로 일을 이룰 수 없음을 알고 기둥에 기대어 웃으며 두 다리를 벌리고 앉아 꾸짖어 말했다.

"일을 이루지 못한 까닭은 [진왕을] 사로잡아 위협하여 반드시 약속을 받아 내서 태자에게 보답하려 했기 때문이다."

이때 주위 신하들이 몰려와서 형가를 죽였으나 진왕은 꽤 오랫동안 찜찜해 했다.

---

15 임금과 왕족의 진료를 맡아보던 의사.

해설

형가는 본래 위(衛)나라 사람으로 책 읽기와 격투기와 검술을 즐겼다. 그는 나중에 연나라로 가서 개 잡는 백정과 축을 잘 타는 고점리라는 자와 친하게 지냈다. 형가는 날마다 개백정과 고점리와 어울려 시장 바닥에서 술을 마시곤 했는데 어느 날 진나라에 볼모로 잡혀갔다가 돌아온 연나라 태자 단을 만나게 된다. 두 사람은 의기투합하여 진나라 왕(진시황)을 암살할 계획을 세우고, 형가는 태자 단의 의로움을 사모하여 진나라 왕을 죽일 결심을 한다. 형가는 자신이 결코 살아 돌아올 가망이 없다는 것을 알았지만 결연한 의지를 보이며 떠난다. 그러나 결국 실패하여 죽음을 맞았고 이후 연나라도 패망을 앞당기게 된다.

바른말을 두려워하지 않다

07

장 승상 열전

張丞相列傳

주창(周昌)은 강직한 성격으로 거침없이 바른말을 했기 때문에 소하(蕭何)와 조참(曹參)을 비롯하여 모든 신하가 그에게 몸을 굽혀 두려워했다. 주창은 일찍이 고조가 한가롭게 쉬고 있을 때 어떤 일을 말씀드리려고 한 적이 있었다. 그때 마침 고조가 첩 척희(戚姬)를 끌어안고 있어서 주창은 뒤돌아 달아났다. 고조가 뒤쫓아 와 붙잡더니 주창의 목을 타고 올라앉아 물었다.

"나는 어떤 임금이냐?"

주창이 고개를 곧추세우고 말했다.

"폐하께서는 걸(桀)왕과 주(紂)왕 같은 임금이십니다."[16]

---

16 하(夏)나라 걸왕과 은(殷)나라 주왕은 주지육림(酒池肉林)으로 나라를 망친 폭군들이다.

고조는 웃음을 터뜨렸지만 이 일이 있고는 주창을 더욱 꺼렸다.

고조가 태자를 폐위시키고 척희의 아들 여의(如意)를 태자로 세우려고 하자 신하들이 강력히 반대했지만 아무도 고조의 마음을 되돌릴 수 없었다. 하지만 고조는 유후(留侯) 장량의 계책[17]으로 그 계획을 이루지 못했다. 이때 주창이 조정에서 이 문제에 관하여 강경하게 간언하자 고조는 그에게 생각을 물었다. 주창은 말더듬이인 데다 격앙돼 있었기 때문에 이렇게 말했다.

"신은 입으로는 잘 말씀드릴 수 없습니다만 분명 그것이 옳지 않다는 것은 알고 있습니다. 폐하께서는 태자를 폐위시키려고 하시지만 단연코 신은 폐하의 명령을 받들지 않겠습니다."

황제는 흔연히 웃었다. 조회가 끝나자 동상(東廂)[18]에서 귀를 쫑긋하여 엿듣고 있던 여후(呂后)[19]는 주창이 나오는 것을 보고 그 앞으로 가서 무릎을 굽히고 앉아 감사의 뜻을 표했다.

"만일 그대가 아니었다면 태자는 자리에서 물러나게 되었을 것이오."

---

17 장량은 고조의 간곡한 요청에도 출사하지 않았던 은자 네 사람을 태자가 초청하도록 해 고조의 마음을 돌렸다.

18 편전의 동쪽 측실.

19 한고조 유방의 황후. 유방이 죽은 뒤 실권을 잡고 여씨 일족을 높은 자리에 올려 여씨 정권을 수립하였다.

해설

왕에게도 거침없이 바른말을 하는 주창의 강직함을 엿볼 수 있는 장면이다. 이러한 강직함은 곧 왕을 향한 충심에서 비롯된 것으로 개인의 안위 따위는 돌보지 않는 우직함을 보여 준다. 주창의 강직함은 제왕의 허물을 바로잡는 원동력이 되었다. 주창은 그 어떤 예외도 두지 않고 과감한 직언을 통해 제왕의 권력 남용을 끊임없이 살피면서 경계하도록 한 소신 있는 신하였다.

사느니 죽는 것이 낫다

08

계포·난포 열전
季布欒布列傳

난포(欒布)는 양(梁)나라 사람으로 처음에 양나라 왕 팽월(彭越)이 평민이었을 때 서로 교유했는데, 둘 다 가난하여 제나라의 한 술집에서 머슴살이를 하기도 했다. 몇 년 뒤 팽월은 떠나 드넓은 벌판에서 도적이 되었고, 난포는 어떤 사람에게 납치되어 연나라로 팔려가 종이 되었다.

난포가 주인을 위하여 원수를 갚아 주자 연나라 장수 장도(臧荼)가 그를 도위(都尉)로 발탁했다. 뒤에 장도는 연나라 왕이 되었고 난포를 장수로 삼았다. 장도가 모반하자 한나라는 연나라를 치고 난포를 사로잡았다. 양나라 왕 팽월이 이 소식을 듣고 황제에게 부탁하여 난포의 죗값을 돈으로 치르고 양나라의 대부로 삼았다. 난포가 사신으로 제나라에 갔을 때 한나라는 팽월을 불러 모반죄를 물어 삼족을 멸하고, 팽월의 머리를 낙양에 매달아 놓고 다음과 같이 조서(詔書)[20]를 내렸다.

"감히 그의 머리를 거두어 돌보는 자가 있으면 체포하라."

제나라에서 돌아온 난포는 팽월의 머리 앞에서 사신으로 갔던 일을 아뢰고 제사를 지내며 통곡했다. 관리가 난포를 체포하고 그 사실을 고조에게 아뢰었다.

"네놈도 팽월과 같이 모반했느냐? 내가 그놈의 머리를 거두지 못하도록 했거늘, 네놈만이 제사를 지내 주고 통곡하니 팽월과 함께 모반한 것이 분명하다. 저놈을 빨리 삶아 죽여라."

관리가 그를 잡아 끓는 물로 데려가려는데, 난포가 돌아보며 말했다.

"한마디만 하고 죽게 해 주십시오."

고조가 말했다.

"무엇을 말하려느냐?"

난포가 말했다.

"폐하께서 팽성에서 곤경에 처하고, 형양현(滎陽縣)과 성고읍(成皐邑) 사이에서 패하셨을 때 항왕이 서쪽으로 나아갈 수 없었던 것은 팽왕이 양나라 땅을 지키면서 한나라와 힘을 합쳐 초나라를 괴롭혔기 때문입니다. 그때 팽왕이 한쪽으로 치우쳐 초나라 편을 들었다면 한나라가 깨졌을 것이고, 한나라 편을 들었다면 초나라가 깨졌을 것입니다. 또 해하 싸움에서도 팽왕이 참가하지 않았다면 항왕을 멸망시키지 못했을 것입니다. 천하가 평정된 뒤 팽왕은 부절을 나누어 받고 봉토를 받았으

---

20 임금의 명령을 일반에게 알리는 문서.

며, 또한 이것을 자손 대대로 전하려고 했습니다. 그런데 이제 폐하께서는 양나라에서 한 차례 군대를 모을 때 팽왕이 병들어 나가지 못하자 모반했다고 의심했습니다. 그 증거도 드러나지 않았는데 아주 작은 안건을 가지고 가혹하게 그를 죽이고 가족까지 멸하셨습니다. 신은 공신들 스스로 위험을 느껴 떨까 염려스럽습니다. 이제 팽왕이 죽었으니 신은 사는 것보다 죽는 것이 차라리 낫습니다. 삶아 죽이십시오."

결국 고조는 난포의 죄를 용서하고 도위로 삼았다.

해설

난포는 자신이 믿고 의지한 팽왕의 억울한 죽음을 보고는 자신의 목숨을 돌보지 않고 시신을 거두어 제사를 지낸다. 죽을 각오로 의리를 지킨 용기 있는 행동이었다. 고조 또한 난포의 용기를 가상히 여겨 그를 용서한다. 역린을 건드린 죄를 용서해 준 고조의 대범함과 그 어떤 위협에도 굴하지 않는 난포의 결연함에 대한 사마천의 암묵적 지지를 엿볼 수 있는 장면이다.

아버지를 살린 효녀

09

편작·창공 열전

扁鵲倉公列傳

문제(文帝) 4년에 어떤 사람이 순우의(淳于意)를 고발하는 글을 올렸다. 순우의는 형죄(刑罪)[21]에 처해지게 되어 역마(驛馬)를 이용하여 서쪽 장안으로 압송되었다. 순우의에게는 딸이 다섯이나 있었는데 따라오면서 울자, 그가 화를 내며 꾸짖었다.

"자식을 낳았으나 사내아이를 낳지 못해 긴급할 때 쓸 만한 놈이 없구나."

그러자 막내딸 제영(緹縈)이 아버지의 말에 상처를 받아 아버지를 따라 서쪽으로 가서 글을 올려 말했다.

---

21 신체를 불구로 만드는 형벌.

소첩의 아버지가 벼슬아치로 있을 때 제나라의 모든 사람이 청렴하고 공평하다고 칭송했으나 지금은 법을 위반하여 형죄를 받게 되었습니다. 제가 매우 비통한 것은 죽은 자는 다시 살아날 수 없고 형죄를 받은 자는 다시 전처럼 될 수 없다는 것입니다. 허물을 고쳐 새롭게 되고자 하나 그렇게 할 방법이 없으니 끝내 기회를 얻을 수 없을 것입니다. 소첩이 관청 노비가 되어 아버지의 형죄를 속죄하고 행실을 고쳐 스스로 새롭게 될 수 있게 해 주십시오.

이 글이 올라가니 문제는 그 마음을 측은하게 여겨 그해 안에 육형법(肉刑法)을 없앴다.

해설

아버지의 목숨을 구하고 형벌 제도까지 바꾸게 만들었으니 열 아들 안 부러운 딸 하나의 이야기다. 몸을 망가뜨리는 형벌인 육형은 그 종류도 많고 방법도 가지가지였다. 폭군으로 유명한 은나라 주왕은 형벌을 매우 가혹하게 적용했는데 그중에는 구리 기둥을 숯불 위에 걸쳐 놓고 죄인을 그 위로 건너가게 해서 미끄러져 불에 떨어져 죽게 한 포락지형(炮烙之刑)도 있었다. 이러한 참혹한 형벌로 학정을 일삼아 멸망한 군주도 있었지만, 한문제는 육형을 폐지하고 또 관노비도 폐지하여 어진 군주로 평가받는다.

● 육형법

중죄인을 사형에 처하게 하는 대신 신체에 가하던 여섯 가지 형벌을 가리킨다. 몸에 먹으로 죄명을 새기는 경(黥), 코를 베는 의(劓), 발뒤꿈치를 베는 비(剕), 성기를 제거하는 궁(宮), 팔다리를 자르는 단지(斷肢), 손목을 자르는 단수(斷手) 등이 있었다. 한문제는 167년에 육형을 폐지했다.

분서갱유는 개혁을 위한 배수진이었는가

10

진시황 본기

秦始皇本紀

시황제가 함양궁에서 주연을 베푸니, 박사 일흔 명이 앞에 나와 장수를 기원했다. 복야(僕射) 주청신(周青臣)이 나서서 기리면서 말했다.

"예전의 진나라 땅은 사방 1000리에 지나지 않았으나, 폐하의 신묘한 영기와 밝은 성덕에 힘입어 온 세상을 평정하고 만이(蠻夷)를 쫓아버려 해와 달이 비추는 곳이라면 복종하지 않는 자가 없어졌습니다. 제후국을 군현으로 삼으시니, 사람마다 절로 안락하고 전쟁의 근심이 없어져 만세(萬世)에까지 전하게 되었습니다. 상고 시대부터 어느 군주도 폐하의 위엄과 덕망에는 미치지 못했습니다."

그러자 시황제가 기뻐했다. 박사인 제나라 사람 순우월(淳于越)이 나아가 말했다.

"신이 듣건대 은나라, 주나라 왕조가 천여 년간 다스린 것은 자제나 공신들을 제후로 봉해 자신의 버팀목으로 삼았기 때문입니다. 지금 폐하께서는 천하를 가지셨지만 자제들은 평민이셔서 갑자기 전상(田常)이나 육경(六卿) 같은 신하가 나타나면 보필할 인물이 없으니 어찌 도울 수 있겠습니까? 일을 할 때 옛사람들을 본받지 않고 오랫동안 유지될 수 있다는 얘기를 들어 본 적이 없습니다. 지금 주청신이 눈앞에서 아첨하며 폐하의 잘못을 무겁게 하니 충성스러운 신하가 아니옵니다."

시황제가 대신들에게 논의하라고 하자 승상 이사(李斯)가 말했다.

"오제(五帝)가 나라를 다스리는 방법이 서로 겹치지 않았고, 삼대(三代: 하·은·주)가 서로 답습하지 않고 각자 달리 다스린 것은 서로 반대해서가 아니라 시대가 변해 달라졌기 때문입니다. 이제 폐하께서 대업을 창건하고 만세의 공덕을 세웠으니, 이는 아둔한 유생들은 진실로 알 수 없는 것입니다. 하물며 순우월이 말한 것은 삼대의 일인데 어찌 본받을 만한 것이겠습니까? 이전에는 제후들이 모두 다투었으므로 떠도는 선비들을 후하게 대접하여 초빙했습니다. 지금은 천하가 이미 안정되어 법령이 통일되고, 백성들은 가정에서 농사에 힘쓰고, 선비들은 법령과 해서는 안 될 것들을 익히고 있습니다. 그런데도 모든 유생은 지금 것을 본받지 않고 옛것을 배워 이 시대를 비난하면서 백성들을 미혹하고 어지럽히고 있습니다. 승상인 신 이사가 죽음을 무릅쓰고 아뢰옵니다. 옛날에 천하가 나뉘고 혼란스러워도 천하를 통일할 수 있는 사람이 없었기 때문에 제후들이 모두 일어나서 말로는 모두 옛것을 말하고 지금 것을 비난하며 허망한 말을 꾸며서 사실을 어지럽히고 사람마다 사사로운 학문을 좋다고 함으로써 위에서 세운 제도를 비난했습니다. 이제 황제께서 천하를 합하여 소유하시고 흑과 백을 구분하여 지존(至尊: 황제) 한 분에 의해 모든 것이 결정되도록 하셨사온데, 아직도 사사로운 학문으로 서로 함께 법령과 교화를 비난하고 사람들은 내려진 법령을 듣고 각기 자신의 학문으로 그것을 의논하니, 조정에 들어오면 마음속으로 반감을 품고 조정을 나오면 길거리에서 논의하며 군주에게 과시하여 명예를 만들고 기이한 것을 취해 고귀함으로 만들고 아랫사람을 이끌어 비방을 조성합니다. 이런 짓을 금하지 않는다면 위로는 군주의 위세가 떨어지고 아래로는 붕당(朋黨)이 만들어질 것입니다. 마땅히 이를 금지하는 것이 이롭습니다. 신이 사관에게 명해 진나라 기록이 아니면 모두 태워 버리도록 청하겠습니다. 박사관(博士官)의 직무를 수행하는 자가 아닌데도 감히 《시》, 《서》 및 제자백가의 저작을 소장하고 있으면 모두 군수와 군위에 보내 마구 태우게 하십시오. 감히 짝을 지어 《시》와 《서》를 말하는 자가 있으면 저잣거리에서 죽여 보이소서. 옛것으로 지금 것을 비난하는 자는 일족을 멸하십시오. 관리로서 이를 보거나 알면서도 잡아내지 않는 자는 같은 죄로 다스리옵소서. 명령을 내린지 삼십 일이 되어도 서적을 태우지 않으면 경형을 내린 후 매일 아침 일찍 일어나 성벽을 쌓는 죄로 삼으십시오. 없애지 않아도 될 것은 의약, 점복, 종수(種樹) 관련 서적입니다. 만약 법령을 배우려는 자가 있다면 관리를 스승으로 삼게 하옵소서."

이에 진시황이 영을 내려 말했다.

"허락하노라!"

해설

진나라 시황제가 분서를 명령하는 장면이다. 진시황은 학자들의 정치적 비판을 막기 위해 민간의 책 가운데 의약, 점술, 농업에 관한 것을 제외하고 모든 서적을 불태우게 했다. 이러한 일을 주도한 사람은 초나라 출신으로 진나라에 들어가 재상의 자리에까지 오른 이사였다. 진시황은 군현제를 실시하고 도량형과 화폐를 통일하고, 수레바퀴의 폭을 동일하게 하고 문자를 통일하는 등 중국 역사상 첫 번째 중앙 집권 체제를 이룩했다. 진시황은 이러한 개혁을 추진하면서 이사의 의견을 경청했다. 이사는 진나라가 전국을 통일한 초창기에 그 혼란을 마무리 짓고 제국의 기틀을 다지는 데 큰 역할을 했다. 그러나 이사는 진시황이 세상을 떠난 뒤 유서 위조에 가담하는 등 권모술수를 써서 권력을 탐하다가 결국 참형을 당했다.

주왕에게 간언하다 노예가 된 기자

11

송 미자 세가
宋微子世家

[공자가 은나라의 어진 세 사람으로 손꼽은 기자(箕子), 미자(微子), 비간(比干) 같은 충신은 주왕에 의해 죽임을 당하거나 내침을 당했다. 우리에게 낯설지 않은 인물인 '기자'는 주왕이 갖은 악행을 저지르고 주지육림에 파묻혀 정사를 게을리하자 소신껏 간언했다.]

기자[22]는 주왕의 친척[23]이다. 주왕이 처음에 상아로 만든 젓가락을 사용하기 시작하자, 기자가 한탄하며 말했다.

---

22 '기'는 은나라 말기의 봉국 이름이고 '자'는 작위의 명칭이다. 기자의 본명은 서여(敍余)이다.

23 기자가 주왕의 배다른 형이라는 설도 있다.

"그 사람이 상아 젓가락을 사용하면 반드시 옥으로 된 잔을 쓸 것이고, 옥잔을 쓰면 반드시 먼 곳의 진귀하고 기이한 물건들을 그에게 몰고 올 궁리를 할 것이다. 그러니 수레와 말, 궁실의 사치스러움이 이것으로부터 점점 시작될 것이니 [나라는] 흥성할 수 없을 것이다."

주왕은 음란하고 제멋대로 하게 되어, 기자가 간언해도 듣지 않았다.

누군가 말했다.

"떠나야 할 것 같습니다."

기자가 말했다. "다른 사람의 신하 된 자가 간언했으나 듣지 않는다고 떠나 버리면, 이것은 군주의 잘못을 추켜세우는 것이고 스스로 백성들에게서 기쁨을 빼앗는 것이니, 나는 차마 떠나갈 수 없습니다."

곧 머리를 풀고 미친 척하다가 노예가 되었다. 그러다가 마침내 숨어 살면서 거문고를 타며 슬퍼하다가 〈기자조(箕子操)〉라는 곡을 전해 내려오게 했다.

[중략]

무왕이 은나라를 무너뜨리고 나서 기자를 방문했다. 무왕이 말했다.

"아! 하늘은 아무도 모르게 아래의 백성들을 안정시키고 그곳에 사는 사람들을 서로 화목하게 하는데, 나는 그 일상의 법도가 순서를 얻게 한 것도 알지 못하였소."

기자가 대답하여 말했다.

"옛날에 곤(鯀)[24]이 홍수를 막으면서[25] 오행(五行)의 질서를 어지럽히

---

24 우임금의 아버지이다.

자 하느님이 크게 노여워하여 홍범(洪範)[26] 아홉 가지 등을 주지 않아 일상의 원칙이 깨져 버렸습니다. 곤이 벌을 받아 죽자 우임금이 그 일을 이어받아 일으켰습니다. 하늘은 즉시 우임금에게 홍범 아홉 가지를 주니, 일상의 법도가 그 순서를 얻게 된 것입니다."

[중략]

이에 무왕은 즉시 기자를 조선(朝鮮)에 봉했으나[27] 그를 신하로 대우하지는 않았다. 그 뒤 기자가 주왕을 조회하기 위하여 옛 은나라의 도읍지를 지나가다가, 궁실이 훼손되어 벼와 기장이 자라고 있는 것을 보았다. 기자는 상심하여 소리 내어 울고 싶었으나 그럴 수 없고, 울먹이려니 아녀자들 같아서, 〈맥수(麥秀)〉라는 시를 지어 노래했다. 그 시에서 말했다.

"보리 이삭은 점점 끝이 뾰족해지고, 벼와 기장은 싹이 올라 밝디밝구나. 저 교활한 아이가 나에게 친하게 대하지도 않네!"

여기서 말하는 교활한 아이는 주왕을 가리킨다. 은나라 백성들이 듣고는 모두가 눈물을 흘렸다.

---

25 곤은 물을 다스리기 위해 둑을 쌓았는데, 천제의 궁전에 가서 식양(息壤)이라는 신비로운 흙을 훔쳐 왔다. 그의 치수는 실패했다.

26 '큰 법도'라는 뜻이다.

27 '기자동래설'은 사마천의 《사기》 이후 《한서(漢書)》 〈지리지(地理志)〉 연조(燕條)에서 기자가 조선에 와서 예의(禮儀), 전잠(田蠶), 직작(織作), 팔조지교(八條之敎)를 가르쳤다는 내용으로 이어진다. 그런데 기자란 인물이 기원전 1100년경 사람인데 공자도 이름만 언급했을 뿐 '기자동래설'을 언급하지 않았고 사마천과 반고 이후의 문헌에서는 '기자동래설'이 나오지 않는다는 점에서 그 입지가 좁아 보이고 설득력도 부족하다.

● 해설 ●

왕조의 말기가 되거나 제왕이 장기간 집권을 하게 될 때 초심을 유지하기가 얼마나 어려운가는 역사적 사례가 입증한다. 진시황과 한무제, 유비, 손권, 당현종, 주원장 등 역사 속 제왕들은 정권 말기에 들어서면서 자기관리에 심각한 문제점을 드러냈고 의심이 많아졌으며, 충신을 경계하니 간신들만 설쳐 대 제국을 자신만의 나라로 전락시켰다. 이에 자신뿐 아니라 국가도 파멸이나 위기에 직면했다. 그런데 아주 드물게 예외도 있다. 만주족 출신으로 61년간 나라를 다스린 강희제는 말년에 자신의 총기가 흐려질 것을 염려하여 스스로 제왕의 자리에서 물러났다. 강희제는 결국 자신보다는 국가라는 대의를 선택한 것이 아니겠는가?

제4부

자신을 낮추고 주변을 둘러보라

한 사람의 눈에 들기 위해 민심에 등을 돌리다

01

주 본기
周本紀

[주나라의 폭군 여왕(厲王)의 뒤를 이어 소공(召公)과 주공 두 재상이 정치를 대행하면서 공화정(共和政)이 시작된다. 나라가 어느 정도 안정되고 소공과 주공의 추대로 왕위에 올라 46년 동안 재위하며 주나라를 다시 반석에 올린 왕이 바로 선왕(宣王)이다. 그의 뒤를 이어 이름이 궁생(宫湦)인 유왕이 즉위했다.]

유왕 2년, 서주의 세 하천[1]에 모두 지진이 일어났다. 백양보(伯陽甫)가 아뢰었다.

"주나라는 장차 망할 것입니다. 천지의 기운은 질서를 잃지 않아야 합니다. 만약 질서를 넘어서면 백성이 어지러워집니다. 양기가 엎어져

1 주나라 도읍 부근의 세 하천으로 위수, 경수, 낙수를 말한다.

나올 수 없고, 음기가 억눌려 솟을 수 없으면 지진이 일어납니다. 지금 세 강에 지진이 일어난 것은 양기가 그 자리를 잃고 음기에 눌린 것입니다. 양기가 자리를 잃고 음기 아래 있으면 근원이 분명히 막히게 됩니다. 근원이 막히면 나라는 반드시 망하게 됩니다."

[중략]

이해에 하천이 마르고, 기산(岐山)이 무너졌다.

[유왕] 3년, 유왕은 포사(褒姒)[2]를 총애했다. 포사가 아들 백복(伯服)을 낳자 유왕은 태자를 폐하려 했다. 태자의 어머니는 신후(申候)의 딸이었는데 왕후가 되었다. 뒤에 유왕이 포사를 얻어 총애했으므로 신후를 폐위시키고 아울러 태자 의구(宜臼)를 쫓아내고 나서 포사를 왕후로 삼고 백복을 태자로 삼고자 했다. 그러자 주나라 태사 백양(伯陽)이 역사 기록을 읽고 나서 말했다.

"주는 망하리라."

예전에 하후씨(夏后氏)가 쇠락했을 때, 신룡 두 마리가 하나라 임금의 뜰에 멈춰 서서 말했다.

"우리는 포(褒)의 두 군주이다."

하나라 임금이 점을 쳐 보니 용 두 마리를 죽이거나 쫓아 버리거나 머무르게 해도 모두 불길하다는 점괘가 나왔다. 다시 점을 치니 용의 침을 받아 보관하면 길할 것이라고 했다. 그래서 재물을 차리고 간책

---

2 포(褒)나라에서 자란 여인으로, 사(姒)는 성(姓)이다. 포나라는 지금의 섬서성(陝西省) 면현(勉縣)의 동남쪽에 있었다.

(簡冊)[3]에 글을 지어 용에게 기원하자 용은 보이지 않고 침만 남아 상자에 넣어 거두었다. 하나라가 망하자 이 상자는 은나라에 전해졌으며, 은나라가 망하자 다시 주나라에 전해졌는데, 삼대에 이르도록 상자를 감히 열어 보지 못했다. 여왕 말기에 이르러 상자를 열어 보았는데, [여는 순간] 침이 뜰에 흘러 없앨 수 없었다. [이런 일에 개의치 않고] 여왕이 아녀자들을 발가벗겨 큰 소리로 떠들게 하자 침이 검은 자라로 변해 후궁(後宮)[4]으로 들어갔다. 때마침 후궁에 있던 예닐곱 살가량의 어린 계집이 자라와 마주쳤다. 시집갈 나이가 되자 아이를 잉태했는데, 아비도 없이 아이를 낳았으므로 두려워서 아이를 버렸다. [유왕의 선친인] 선왕 때 어린 여자애들이 부르는 동요가 있었다.

"산뽕나무로 만든 활과 기(箕: 콩대)로 만든 화살통이 주나라를 망하게 하리라."

마침 선왕이 이 노래를 들었을 때 길에 활과 화살통을 파는 부부가 있었다. 선왕은 그들을 잡아 죽이게 했다. 그들 부부가 도망가다가 후궁의 어린 계집이 버린 이상한 아기가 길에 있는 것을 발견했다. 밤에 아이 우는 소리를 듣자 애절하게 생각되어 아이를 거두어들였다. 마침내 부부는 도망쳐서 포나라에 몸을 의탁했다. 포나라 사람[포구(褒姁)]이 죄를 짓자 이전에 어린 계집이 버렸던 여자를 유왕한테 바치면서 죄

---

3 고대 제왕은 신하나 후비에게 작위를 주고 그것을 '간책'에 기록했는데, 이를 '책봉(冊封)'이라 한다. 책봉 사실을 전하며 읽어 주는 임무를 안고 파견되는 사신을 책사라고 한다.

4 왕의 비빈들이 머무는 처소.

를 대속해 주기를 청했다. 버려진 여자는 포나라에서 성장했으므로 포사라고 불렀다. 유왕 3년에 왕이 후궁에 갔다가 그녀를 보고 총애하게 되었다. 아들 백복을 낳자, 결국 신후와 태자를 폐하고 포사를 왕후로 삼고 백복을 태자로 삼은 것이다.

태사 백양이 탄식하며 말했다.

"화가 생겼으나 어쩔 수 없구나!"

포사는 웃는 것을 좋아하지 않았다. 유왕은 그녀를 웃게 하려고 온 방법을 다 썼으나 끝내 웃길 수 없었다. 유왕은 봉화와 큰 북을 두고 적이 쳐들어오면 봉화를 올리게 했다. [유왕이 봉화를 올리자] 제후들이 모두 왔다. 왔어도 적군이 보이지 않자 [제후들은 당황했고] 그제야 포사가 크게 웃었다. 유왕은 기뻐하며 여러 차례 봉화를 들었다. 그 후에는 [봉화를 올려도] 믿지 않게 되어 제후들은 오지 않았다.

유왕이 괵석보(虢石父)를 경(卿)으로 삼아 정치를 맡기자 나라 안 사람들이 모두 원망했다. 석보는 사람됨이 간사하고 아첨을 잘하며 이익을 탐했는데도 유왕이 그를 중용했기 때문이다. 게다가 유왕이 신후를 폐하고 태자를 쫓아내자 신후는 화가 나 [적국인] 증(繒)나라, 서이(西夷), 견융(犬戎)족과 함께 유왕을 공격했다. 유왕은 봉화를 들어 군대를 소집했으나 군대는 오지 않았다. 결국 [신후는] 여산(驪山) 밑에서 유왕을 살해하고 포사를 사로잡았으며 주나라의 재물들을 모조리 가지고 갔다. 마침내 제후들이 신후에게 가서 원래 유왕의 태자였던 의구를 왕으로 옹립하니, 이 사람이 바로 평왕(平王)으로 주나라의 제사를 받들게 되었다.

해설

역사는 반복된다. 은나라에 폭군 주왕이 있었다면 주나라엔 유왕이 있었다. 주왕에게는 '달기'라는 희첩이 있었고 유왕에게는 '포사'라는 희첩이 있었다. 포사의 웃음을 얻기 위해 주왕이 벌인 행동은 지탄의 대상이 된다. 단 한 사람의 눈에 들기 위해 동원된 백성들의 마음 곧 민심이 그로부터 등을 돌리게 되었으니 말이다.

한번 주면 되찾아 오지 않는 법

02

월왕 구천 세가

越王句踐世家

주공(朱公)[범려(范蠡)]이 도(陶) 땅에 살면서 막내아들을 낳았다. 막내아들이 장성했을 무렵 도 주공의 둘째 아들이 사람을 죽인 죄로 초나라에 갇혔다.

주공은 말했다.

"사람을 죽였으면, 죽어야 하는 것은 당연한 이치다. 그러나 내가 듣건대 '천금을 가진 자식은 저잣거리에서 죽지 않는다.'라고 한다."

주공은 막내아들을 보내 살펴보게 했다. 그러고는 황금 1000일을 가져가게 했는데, 갈색 그릇에 담아 한 마리의 소가 끄는 수레에 실었다. 막내아들을 막 보내려고 하는데 주공의 큰아들이 한사코 가겠다며 요청했으나 주공은 들어주지 않았다.

큰아들은 말했다.

"집안에 큰아들이 있으면 [이를 일러] 집안일을 살피는 '가독(家督)'[5] 이라 하는데, 지금 동생이 죄를 지었는데 아버님께서 저를 보내지 않고 막내를 보내는 것은 제가 어리석기 때문입니다."

그러고는 스스로 목숨을 끊으려고 했다.

주공의 아내도 말했다.

"지금 막내를 보낸다고 해서 꼭 둘째 아이를 살려 낼 수도 없을 텐데, 그보다 먼저 큰아이를 잃게 된다면 어찌 되겠습니까?"

주공은 어쩔 수 없이 큰아들을 보냈는데, 편지 한 통을 써서 오랜 친구인 장생(莊生)에게 건네주라고 하면서 말했다.

"그곳에 도착하면 장생의 집에 이 황금 1000일을 갖다 주도록 해라. 그가 하자는 대로 따라야 하고, 절대로 그와 논쟁이 될 만한 일은 없도록 해라."

큰아들은 떠날 때 수백 금의 황금을 따로 챙겼다. 초나라에 도착하니 장생의 집은 바깥 성곽에 있었는데, 명아주 풀숲을 헤치고 가까스로 문에 도착해 보니 사는 것이 대단히 가난했다. 큰아들은 편지와 황금 1000일을 건네주고 아버지의 말에 따르기로 했다.

장생이 말했다.

"어서 빨리 떠나라. 절대 머물러 있지 마라. 동생이 나오거든 절대 그 까닭을 묻지 마라."

큰아들은 떠나서 더는 장생에게 찾아오거나 사사로이 머물지 않고,

---

5 집안을 감독하는 사람이라는 뜻으로 대를 이을 맏아들을 가리키는 말.

자신이 따로 가져간 황금을 초나라의 귀인(貴人)[6]에게 바쳐 일을 꾸미려고 했다.

장생은 비록 빈궁한 마을에 살고 있어도 청렴하고 강직한 것이 온 나라에 알려져 초나라 왕 그 이하는 모두 그를 받들어 스승으로 삼았다. 그는 주공이 보내온 황금을 갖고 싶어 받은 것이 아니고, 일이 이루어지고 난 다음에 다시 그것을 되돌려 주어 믿음을 보여 주려고 했을 뿐이다. 이에 황금이 도착하자 부인에게 말했다.

"이것은 주공의 황금이오. 내가 만일 병들어 죽게 되면 나중에 다시 주공에게 돌려주지 못한다 하더라도, 당신은 경거망동하지 마시오."

주공의 장남은 그의 속마음을 알지 못하고, 황금이 그에게 이렇다 할 만한 작용을 전혀 못했다고 생각했다.

장생은 적당한 때 입궐하여 왕을 뵙고 말했다.

"별 하나가 어떤 장소로 움직였으니, 이는 초나라에 해로움이 될 것입니다."

초나라 왕은 평소 장생을 신임했으므로 말했다.

"지금 어찌하면 좋겠소?"

장생이 말했다.

"오로지 덕으로만 그 해를 없앨 수 있습니다."

초나라 왕이 말했다.

"선생께서는 가만히 계십시오. 과인은 어진 정치를 행하리다."

---

6 종족의 실력자를 가리키는 말.

왕은 이에 사신을 시켜 세 창고를 봉쇄했다.

초나라의 귀인은 놀라서 주공의 큰아들에게 알려 말했다.

"왕께서는 장차 죄를 용서해 줄 것이오."

장남이 물었다.

"무슨 까닭입니까?"

그가 말했다.

"매번 왕이 사면을 내릴 때는 항상 그 세 창고를 봉쇄시켰소. 어젯밤에 왕께서 사신을 보내 봉쇄시키셨다고 하오."

주공의 장남이 생각하기에, 동생이 사면되어 당연히 나올 수 있게 된다면, 천금의 황금이 장생에게 헛되이 버려져 별 의미가 없었던 것이라고 여겨 다시 장생을 만나러 갔다. 장생을 다시 만나니 장생이 놀라 말했다.

"그대는 떠나지 않았는가?"

장남이 말했다.

"원래 떠나지 않았습니다. 처음에는 동생 일로 찾아뵈었는데, 동생은 지금 스스로 사면될 수 있다고 논의되고 있으니, 따라서 제가 선생에게 하직 인사를 드리는 것입니다."

장생은 그가 그 황금을 다시 얻으려 한다고 생각하고는 말했다.

"자네는 방으로 들어가 황금을 가져가게."

장남은 곧장 방으로 들어가서 황금을 가지고 떠나면서 홀로 기뻐하고 다행스럽게 생각했다.

장생은 아들[주공의 장남]에게 매수되었다는 것을 치욕스럽게 생각하여, 즉시 입궐하여 초나라 왕을 뵙고 말했다.

"신이 이전에 어떤 별이 이동하는 것을 말씀드리자 왕께서는 덕을 베풀어 보답하고자 하셨습니다. 지금 신이 문밖을 나서서 길거리에서 듣자 하니 한결같이 말하기를 도 땅의 부자 주공의 아들이 사람을 죽여 초나라에 갇혔는데, 그 집에서 금전을 많이 보내 왕의 측근들에게 뇌물을 주었고, 따라서 왕께서 초나라 백성을 구제하기 위해서 사면을 내린 것이 아니고 도 주공의 아들 때문이라고 합니다."

왕은 크게 노하여 말했다.

"내가 부덕하더라도, 어찌 주공의 아들 때문에 은혜를 베푼단 말이오!"

[초나라 왕은] 판결을 하게 하여 주공의 아들을 죽이고 이튿날 마침내 천하에 사면령을 내렸다. 주공의 장남은 결국 동생의 시신을 안고 돌아갔다.

집에 도착하니, 그의 어머니와 마을 사람들이 모두 슬퍼하는데, 주공만은 웃으며 말했다.

"내 정녕 그가 동생을 죽게 할 줄 알았다. 그놈이 동생을 사랑하지 않아서가 아니라, 단지 돈을 아까워하여 버리지 못하기 때문이다. 큰아이는 어려서부터 나와 함께 고생을 했고, 살기 위해 어려운 일을 겪었으므로 돈을 쓰는 데 상당히 신중하다. 막내는 태어나면서부터 내가 잘사는 것만 보았고, 좋은 마차와 말을 타고 다니며 토끼나 잡으러 다녔으니, 그가 돈이 어디로부터 나오는지 어찌 알겠는가? 따라서 쉽게 돈을 쓰고, 아끼거나 인색하지 않다. 이 전날 내가 막내아이를 보내려 했던 것은 그가 정녕 돈을 버릴 줄 알기 때문이었다. 그런데 큰아이는 그렇게 하지 못해서, 이에 결국 동생을 죽였으니, 사물의 이치로 보아 슬퍼할 일이 못 된다. 나는 밤낮으로 둘째 아이의 시신이 오기만을 바라고 있었다."

해설

도 주공은 돈을 버는 일에도 뛰어났지만 그것을 쓰는 데도 탁월했다. 그는 뇌물을 주는 데도 그에 합당한 방식이 있다고 보았으며, 돈에 인색한 사람은 결국 큰 틀에서 일을 처리하지 못하므로 일을 맡겨서는 안 된다고 생각했다. 매점매석으로 돈을 번 주공은 돈을 써야 할 때와 쓰는 방법을 아는 사람으로, 늘 베풀면서 덕을 행하여 부자가 취해야 할 행동이 무엇인지 보여 주었다. 그는 여유 있는 가정에서 자란 사람이 돈을 쓸 줄 안다는 것을 알고 있었다. 그래서 막내아들을 보내면 둘째 아들이 살고, 큰 아들을 보내면 둘째 아들을 오히려 죽음으로 내몰게 된다고 생각한 것이다. 누구나 돈의 가치를 안다고 하지만 버릴 때와 쓸 때를 아는 것 또한 중요하다.

겸손한 자가 기회를 얻는다

03

유후 세가
留侯世家

◉ 장량이 일찍이 한가한 틈을 타 하비(下邳)의 다리 위를 천천히 걸어가는데, 한 노인이 거친 삼베옷을 걸치고 장량이 있는 곳으로 다가와 곧장 자기 신을 다리 밑으로 떨어뜨리고는 장량을 돌아보며 말했다.

"젊은이, 내려가서 신을 주워 와!"

장량은 의아해 하며 때려 주려고 했으나 나이 많은 사람이라 억지로 참고 아래로 내려가서 신을 가져왔다.

그러자 노인이 말했다.

"나에게 신겨!"

장량은 이미 노인을 위해서 신을 주워 왔으므로 몸을 세우고 꿇어앉아 신을 신겨 주었다. 노인은 발을 뻗어 신을 신기게 하고는 웃으면서가 버렸다. 장량은 크게 놀라서 떠나가는 노인을 바라다보았다.

노인은 일 리쯤 가다가 다시 돌아와서 말했다.

"젊은이는 가르칠 만하군! 닷새 뒤 새벽에 나와 여기서 만나지."

장량은 더욱 괴이하게 여기며 꿇어앉아 말했다.

"알겠습니다."

닷새째 새벽에 장량이 그곳으로 가 보니 노인은 미리 와 있다가 노여워하며 말했다.

"늙은이와 약속을 하고는 뒤늦게 오다니 어찌 된 일이냐?"

되돌아가다가 말했다.

"닷새 뒤에 좀 일찍 만나자."

닷새 뒤 닭이 울 때 장량은 갔다.

노인은 먼저 와 있다가 다시 노여워하며 말했다.

"늦다니! 어찌 된 일이냐?"

그곳을 떠나가다가 말했다.

"닷새 뒤에 좀 더 일찍 오너라."

다시 닷새 뒤 장량은 밤이 반도 지나지 않아서 그곳으로 갔다. 얼마 있다가 노인도 오더니 기뻐하며 말했다.

"마땅히 이렇게 해야지."

한 권의 책을 내놓으며 말했다.

"이 책을 읽으면 왕 노릇 하려는 자의 스승이 될 수 있을 것이다. 십 년 후에 그 효과를 보게 될 것이다. 십삼 년 뒤에 젊은이가 또 제북(濟北)에서 나를 만날 수 있을 것인데, 곡성산(穀城山) 아래의 누런 돌[黃

石]이 나다."

그러고는 결국 떠나니 다른 말도 없었고 다시는 만날 수도 없었다. 날이 밝아 그 책을 보았더니 곧《태공병법(太公兵法)》이었다. 이에 장량은 그 책을 기이하게 여겨 늘 익히고 외워 가며 읽었다.

● 해설 ●

장량은 대대로 한(韓)나라의 재상을 지낸 명문가 출신으로 진나라가 한나라를 멸망시키자 원수를 갚기 위해 진시황을 암살할 계획을 세웠다. 그러나 계획이 실패해 도피 생활을 하던 중 한 노인을 만나 병서를 받고 깨달음을 얻게 된다. 이 글은 노인이 장량을 시험하는 장면이다. 노인은 장량에게 억지를 부리며 자기 신을 주워 오게 하고 신겨 달라고도 한다. 또한 노인은 자기보다 늦게 오지 말라며 몇 차례나 약속을 다시 하고, 마침내 장량이 일찍 나온 것을 보고서야 병서를 전해 준다. 이를 통해 노인은 장량의 인물 됨됨이를 시험해 보고자 했다는 것을 알 수 있다. 훗날 장량은 유방에게 발탁되고 노인이 예언했던 대로 '왕 노릇 하려는 자의 스승' 역할을 하게 된다. 노인을 만나 장량이 처신한 것을 보면서 겸손한 사람이 기회를 얻을 수 있고 자신을 발전시킬 수 있음을 알 수 있다.

스스로 이름을 더럽혀 자신을 보호하다

04

소 상국 세가

蕭相國世家

한나라 12년 가을, 경포(黥布)가 모반하자 황상[고조]은 스스로 장수가 되어 그를 공격하고, 여러 차례 사신을 보내 상국[소하(蕭何)]이 무엇을 하고 있는지를 물었다. 상국은 고조가 군사를 이끌고 밖에 있을 때 백성들을 안정시키고 온 힘을 다했으며 자신의 재산을 전부 군비에 보탰으니, 이때도 진희가 반란을 일으켰을 때 평정한 것과 매한가지였다.

어떤 객이 상국을 설득하여 말했다.

"당신은 멸족을 당할 날이 머지않았습니다. 당신의 지위는 상국이고 공로도 제일 크니 다시 무엇을 더하겠습니까? 그러나 당신이 처음에 관중(關中)에 들어오면서 백성의 마음을 얻은 지 십여 년이나 되어 백성들은 모두 당신에게 의지하고 당신도 부지런하여 백성의 환심을 샀습니다. 황제께서 여러 차례 당신에 대해 물어본 까닭은 당신이 관중을 동요시킬까 두려워서입니다. 지금 당신은 어찌하여 밭을 많이 사서 싸게 임대함으로써 스스로의 명성을 더럽히려 하지 않습니까? [그리하면] 황제께서는 마음이 비로소 편안해질 것입니다."

이에 상국은 그의 계책을 따랐고 고조는 과연 크게 기뻐했다.

해설

항우를 제거하고 한나라의 황제가 된 유방은 한신처럼 고락을 함께 해 온 공신들을 숙청하기 시작했다. 한신은 반란 혐의로 체포되자 '토사구팽'이라는 말을 남기고 죽었다. 한신의 죽음에 팽월과 경포 같은 다른 공신들도 위기의식을 느끼고 반란을 기도하다가 결국 죽게 된다. 공신들의 모반에 고조는 큰 충격을 받았고 남은 창업 공신들의 행보도 주시했다. 선정으로 백성들의 마음을 얻고 있었던 소하도 마찬가지였다. 지나치게 총명한 사람은 다른 사람들의 견제를 받기 마련이다. 소하는 스스로 이름을 더럽혀 자신을 보호하는 방법을 택했다. 이처럼 현명한 처신으로 소하는 많은 창업 공신이 숙청되는 가운데 천수를 누리고 그 이름을 남길 수 있었다.

시작이 없는 것은 없으나 끝이 좋기란 드문 일이다

05

춘신군 열전

春申君列傳

이원(李園)[7]은 그 누이동생을 춘신군(春申君)에게 바쳤다. 그녀는 춘신군의 총애를 받았다. 이원은 동생이 임신한 것을 알고 그녀와 일을 꾸몄다. 이원의 누이동생이 한가한 틈을 타서 춘신군에게 말했다.

"초나라 왕께서 당신을 소중히 여기고 아끼는 것이 친형제보다 더합니다. 이제 당신은 이십 년이 넘게 초나라 재상으로 계셨고 왕께는 아들이 없습니다. 만일 뒤에 왕이 돌아가시고 왕의 형제가 왕위에 오르면 초나라는 임금이 바뀌고, 새 군주는 예전부터 친밀했던 사람들과 친척들을 소중히 여길 것이니, 당신이 어찌 오래도록 총애를 받을 수 있겠

7 조나라 사람으로 춘신군의 사인(舍人).

습니까? 그뿐만 아니라 당신은 높은 지위에 있으면서 정권을 잡은 지 오래니 왕의 형제들에게 예의에 벗어난 행동도 많이 했으리라 생각됩니다. 그 형제가 왕위에 오르면 재앙이 당신 몸에 미치게 될 텐데 어떻게 재상의 인수와 강동의 봉읍(封邑)[8]을 지닐 수 있겠습니까? 지금 소첩만 임신한 것을 알 뿐 다른 사람들은 모릅니다. 소첩이 당신의 총애를 받은 지는 그리 오래되지 않았습니다. 참으로 당신의 존귀한 지위를 이용하여 저를 초왕에게 바친다면 왕께서는 반드시 소첩을 총애하실 것입니다. 그리고 하늘이 도와 소첩이 사내아이를 낳는다면 당신 아들은 왕이 될 것입니다. 그러면 초나라가 전부 당신 것이 됩니다. 당신이 뜻하지 않은 재앙을 당하는 것과 [이 방법 중에] 어느 편이 더 좋습니까?"

춘신군도 그 말을 옳다고 생각하여 이원의 누이동생을 내보내 따로 거처를 정하여 머물게 한 뒤 초나라 왕에게 그녀에 대해 말해 두었다. 초나라 왕은 그녀를 궁궐로 불러들여 아껴 주어, 드디어 이원의 누이동생이 사내아이를 낳자 그 아들을 태자로 삼고 이원의 누이동생을 왕후로 삼았다. 초나라 왕이 이원을 귀하게 여겼고, 이원은 정사를 처리하게 되었다.

이원은 이미 자기 누이동생이 궁궐로 들어가 왕후가 되고 그 아들이 태자가 되자, 춘신군의 입에서 비밀이 새어 나오거나 그 일로 점점 오만해질까 염려하여 남몰래 죽음을 각오한 용감한 병사들을 길러서 춘

8 제후에게 주는 땅.

신군을 죽여 그의 입을 막아 버리려 했다. 그러나 그 나라 사람 중 많은 이가 이 일을 알고 있었다.

[중략]

초나라 고열왕(考烈王)이 죽자, 이원은 정말 먼저 [궁궐로] 들어와 극문(棘門) 안에 죽음을 각오한 병사들을 숨겨 놓았다. 춘신군이 극문에 들어서자 죽음을 각오한 이원의 병사들이 춘신군을 에워싸 찌르고 그 머리를 베어 극문 밖으로 내던졌다. 곧이어 관리를 보내 춘신군의 집안 사람을 모조리 죽였다.

처음에 춘신군의 총애를 받아 임신한 뒤 초나라 왕에게 바쳐진 이원의 누이동생이 낳은 아들이 왕위에 올랐으니 이 사람이 초나라 유왕(幽王)이다.

해설

전국 시대 사공자(四公子)[9]의 한 사람으로 변설에 뛰어난 재능을 보였던 춘신군 황헐(黃歇)은 국력이 쇠미해져 가던 경양왕(頃襄王) 대에 진나라 소왕을 설득해 곤경에 빠진 초나라를 도와주도록 했다. 뒤에는 진나라에 볼모로 가 자신의 생명을 담보로 태자를 귀국시킴으로써 초나라의 대통을 잇게 했는데, 이 태자가 바로 초나라 고열왕이다. 춘신군은 이십여 년 동안 재상 자리에 있으면서 합종책을 추진해 진나라에 맞서는가 하면 노나라를 멸망시켜 초나라를

9 조나라의 평원군, 제나라의 맹상군, 초나라의 춘신군, 위나라의 신릉군을 말한다.

다시 한 번 일으켜 세웠다. 그렇지만 말년에는 권세와 부귀를 지키려다 이원의 간사한 음모에 걸려들어 살해되는 비참한 최후를 맞게 된다. 춘신군은 "시작이 없는 것은 없으나 끝이 좋기란 드문 일이다."라고 말했는데 자신의 최후 또한 그러했다.

첩보다 빈객을 예우한 자

06

평원군·우경 열전

平原君虞卿列傳

[평원군(平原君) 조승(趙勝)의 집 누각은 민가를 내려다볼 수 있는 높은 곳에 있었다.] 민가에는 절름발이가 살고 있었는데 절뚝거리며 물을 길으러 다녔다. 평원군의 애첩이 누각 위에 앉아 있다가 [그 광경을] 내려다보고 큰 소리로 웃었다. 그 다음 날 절름발이가 평원군의 집 문 앞에 와서 말했다.

"저는 당신이 선비를 좋아한다고 들었습니다. 선비들이 1000리를 멀다 않고 찾아오는 것은 당신이 선비를 소중히 여기고 애첩을 하찮게 여긴다고 생각하기 때문입니다. 저는 불행히 다리를 절뚝거리고 등이 굽는 병이 있는데, 당신의 첩이 저를 내려다보고 비웃었습니다. 원컨대 저를 비웃은 자의 목을 베어 주십시오."

평원군이 웃으면서 대답했다.

"알았소."

그러나 평원군은 절름발이가 돌아가자 웃으면서 말했다.

"이 작자 좀 보게. 한 번 웃었다는 이유로 내 애첩을 죽이라고 하니 너무하지 않은가?"

평원군은 끝내 첩을 죽이지 않았다. 그 뒤 일 년 남짓한 사이에 빈객과 문하, 사인이 조금씩 떠나가더니 떠난 자가 절반이 넘었다. 평원군은 이를 이상히 여겨 말했다.

"나는 여러분을 예우하는 데 크게 실수한 적이 없거늘 떠나가는 자가 어째서 많은 것이오?"

문하의 한 사람이 앞으로 나와 대답했다.

"당신이 절름발이를 비웃은 자를 죽이지 않았기 때문입니다. 선비들은 당신이 여색을 좋아하고 선비를 하찮게 여기는 인물로 생각하여 떠나는 것입니다."

이에 평원군은 곧 절름발이를 비웃은 애첩의 목을 베고, 직접 문 앞까지 가서 절름발이에게 그 목을 내주면서 사과했다. 그러자 그 뒤 그의 문하에 다시 조금씩 [선비들이] 오기 시작했다.

● 해설 ●

선비들이 평원군을 찾아오는 데는 그에 걸맞은 합당한 예우가 있었기 때문이다. 처음에는 첩을 감싸다가 뒤늦게 그녀를 죽이는 평원군이 냉혹해 보일 수도 있지만 그는 늦게라도 절름발이에게 신의를 지켜 자기를 떠났던 빈객들을 되돌아오게 만들었다. 약속은 때로는 생명과도 같은 법이다. 자신이 내뱉은 말에 대해서는 책임을 지는 자세가 필요하다. 당장 눈앞의 일을 해결하려고 임기응변식으로 대처하다 보면 더 먼 길을 내다보는 데 소홀하게 된다.

숨어 사는 선비를 얻는 법

07

위 공자 열전

魏公子列傳

위(魏)나라에 숨어 사는 한 선비가 있었는데 그 이름은 후영(侯嬴)이다. 그는 나이 일흔에, 집이 가난해서 대량성의 이문(夷門)[동문(東門)]을 지키는 문지기로 있었다. 공자[신릉군(信陵君)]가 그의 이야기를 듣고 찾아와 주기를 청하며 후한 선물을 보내려 했다. 그러나 후영은 받지 않고 말했다.

"저는 몸을 닦고 행실을 깨끗이 하면서 수십 년을 지내 왔습니다. 지금 새삼스레 성문을 지키는 일이 고달프고 가난하다 해서 공자의 재물을 받을 수는 없습니다."

공자는 이에 곧 술자리를 열어 빈객들을 많이 모이게 했다. 연회장의 자리가 정해지자, 공자는 수레와 기마를 거느리고 자기 수레의 왼쪽 자리를 비운 채[10] 몸소 동문으로 후영을 맞이하러 갔다. 후영은 다 해진

옷과 모자를 걸치고 곧바로 마차에 올라타서 공자의 윗자리에 앉고는 조금도 사양하지 않았다. 후영은 이렇게 해서 공자의 태도를 살펴볼 속셈이었다. 그러나 공자는 말고삐를 잡은 채 더욱더 공손하게 대했다. 후영은 또 공자에게 이렇게 말했다.

"제게는 시장의 푸줏간에 친구가 하나 있습니다. 수고스럽겠지만 수레를 돌려 그곳에 들러 주었으면 합니다."

공자는 수레를 몰아 시장으로 들어갔다. 후영은 수레에서 내려 그의 친구 주해(朱亥)를 만나 일부러 오랫동안 서서 이야기를 나누며 곁눈질로 가만히 공자를 살폈다. 그러나 공자의 낯빛은 더욱더 부드럽기만 했다. 이때 공자의 집에서는 장군, 재상, 왕족, 빈객이 다 모여 공자가 돌아와 술잔을 들기만 기다리고 있었다. 시장 사람은 모두 공자가 말고삐를 잡고 있는 것을 보았다. [공자의] 기마를 따르던 자들은 모두 마음속으로 후영을 욕했다. 후영은 공자의 낯빛이 끝내 변하지 않음을 보고, 친구와 헤어져 수레에 올랐다. 집에 이르자 공자는 후영을 윗자리로 이끌어 앉히고 빈객들에게 두루 소개했다. 빈객은 모두 놀랐다. 술자리가 한창 무르익어 갈 무렵 공자는 일어나 후영 앞으로 나아가 장수를 기원하는 술잔을 올렸다. 그러자 후영이 공자에게 말했다.

"오늘 저도 공자를 위하여 일을 할 만큼 했습니다. 저는 한낱 이문의 문지기에 지나지 않습니다. 그런데도 공자께서는 몸소 수레와 기마를

---

10 본래 고대 중국의 풍습에서는 왼쪽은 좋지 않다고 생각했으나 유독 수레를 탈 때만은 예외였다. 신릉군이 후영에게 존경을 나타낸 것이다.

끌고 오셔서 많은 사람이 모인 자리로 맞아 주셨습니다. 마땅히 지나지 않아도 될 곳임에도 오늘 공자께서는 주해에게 들러 주셨습니다. 그래서 저는 공자의 이름을 높여 드리기 위하여 일부러 오랫동안 공자의 수레와 기마를 시장 가운데 세워 두고 친구에게 들러 공자의 태도를 살펴보았는데 공자께서는 더욱더 공손했습니다. 시장 사람은 모두 저를 소인이라 하고, 공자를 선비에게 몸을 낮출 줄 아는 장자(長子)라고 했을 것입니다."

이리하여 술자리는 끝나고, 후영은 마침내 공자의 상객이 되었다.

● 해설 ●

신릉군은 어질고 유능한 사람으로 선비를 대하는 남다른 태도로 빈객들로부터 충성과 존경을 얻었다. 후영 또한 평범한 은자는 아니었다. 별 볼일 없어 보이는 자신에게 공자가 몸소 수레를 몰고 찾아오기를 기다리고 있었는지도 모를 일이다. 훗날 후영은 자신의 목숨을 바쳐 신릉군을 위기에서 구해 낸다. 신릉군이 나중에 빈객들의 도움으로 공적을 세운 것은 그가 선비들의 능력을 알아보는 혜안을 갖고 있었고, 또한 선비들을 예의 바르게 대한 덕분이었다.

나라의 위급함을 먼저 생각한다

08

염파·인상여 열전

廉頗藺相如列傳

조나라 왕이 인상여의 공로[11]를 크게 치하하고 상경(上卿)으로 삼아 인상여의 지위가 염파보다 높아졌다. 염파는 이렇게 말했다.

"나는 조나라 장군이 되어 성의 요새나 들에서 적과 싸워 큰 공을 세웠다. 그러나 인상여는 겨우 혀와 입만을 놀렸을 뿐인데 지위가 나보다 높다. 또 인상여는 본래 미천한 출신이니 나는 부끄러워서 차마 그의 밑에 있을 수 없다."

그리고 이렇게 다짐했다.

---

11 인상여가 죽음을 두려워하지 않고 담대한 용기로 화씨벽을 온전히 지켜 내면서도 진나라와 화평 관계를 유지하게 만든 공을 말한다.

"내가 상여를 만나면 반드시 모욕을 주리라."

인상여는 이 말을 듣고 염파와 마주치지 않으려고 했다. 인상여는 조회가 있을 때마다 항상 병을 핑계 삼아 염파와 서열을 다투려 하지 않았을 뿐만 아니라, 외출할 때도 멀리 염파가 보이면 수레를 끌어 숨어 버리기도 했다. 그래서 [인상여의] 사인이 모두 이렇게 간했다.

"저희들이 친척을 떠나와서 나리를 섬기는 까닭은 오직 나리의 높은 뜻을 사모하기 때문입니다. 지금 나리께서는 염파와 같은 서열에 있습니다. 그러나 나리는 염파가 나리에 대해 나쁜 말을 퍼뜨리고 다니는데도 그가 두려워 피하시며 지나치게 겁을 내십니다. 이것은 평범한 사람들도 부끄러워하는 일인데, 하물며 장군이나 재상이라면 어떻겠습니까? 못난 저희들은 이만 물러갈까 합니다."

인상여는 그들을 완강하게 말리며 말했다.

"그대들은 염 장군과 진나라 왕 가운데 누가 더 무섭소?"

사인들이 대답했다.

"염 장군이 진나라 왕에 못 미칩니다."

인상여가 말했다.

"저 진나라 왕의 위세에도 불구하고 나는 그를 궁정에서 꾸짖고 그의 신하들을 부끄럽게 만들었소. 내가 아무리 어리석기로 염 장군을 겁내겠소? 내가 곰곰이 생각해 보건대 강한 진나라가 감히 조나라를 치지 못하는 까닭은 나와 염파 두 사람이 있기 때문이오. 만일 지금 호랑이 두 마리가 어울려서 싸우면 결국은 둘 다 살지 못할 것이오. 내가 염파를 피하는 것은 나라의 위급함을 먼저 생각하고 사사로운 원망을 뒤로

하기 때문이오."

염파는 이 말을 듣고 웃옷을 벗고 가시 채찍을 등에 짊어지고 빈객으로서 인상여의 문 앞에 이르러 사죄하며 말했다.

"비천한 저는 상경께서 이토록 너그러우신 줄 몰랐습니다."

이렇게 하여 두 사람은 서로 화해하고 죽음을 같이하기로 약속한 벗이 되었다.

해설

인상여는 문관 출신으로, 세 치 혀를 무기 삼아 서슬이 퍼런 진나라 왕의 음험한 계략을 일거에 잠재우고 화씨벽을 보존하여 조나라로 돌아온다. 이 일로 인상여가 혜문왕의 총애를 받아 상경이 되자 염파는 이를 못마땅하게 여긴다. 그러나 인상여는 자신을 인정하지 않는 염파에게 권력을 양보하면서 안으로 권력 다툼이 없게 해 다른 나라들이 조나라를 넘보지 못하게 했다. 인상여의 아량이 돋보이는 대목이다. 사마천은 이러한 인상여를 "지혜와 용기, 이 두 가지를 모두 갖춘 인물"이라고 평가했다.

미래를 위해 투자하라

09

여불위 열전

呂不韋列傳

여불위(呂不韋)는 양책(陽翟)의 큰 상인으로 여러 곳을 오가면서 물건을 싸게 사들였다가 비싸게 되팔아 집안에 천금의 재산을 모았다.

진나라 소왕(昭王) 40년에 태자가 죽자, 42년에 둘째 아들 안국군(安國君)[12]을 태자로 삼았다. 안국군에게는 아들 이십여 명이 있었다. 안국군은 남다르게 사랑하던 여인을 정부인으로 삼아 화양부인(華陽夫人)이라 불렀다. 화양부인에게는 아들이 없었다. 안국군의 둘째 아들은 이름이 자초(子楚)[13]인데 그의 친어머니 하희(夏姬)는 [안국군의] 총애를

12 이름은 주(柱)이고, 뒤에 효문왕이 된다.

13 뒤에 장양왕이 된다.

받지 못했다. 자초는 진나라를 위해 조나라에 볼모로 보내졌으나 진나라가 조나라를 자주 공격했기 때문에 조나라는 자초를 그다지 예우하지 않았다.

자초는 진나라의 많은 서자들 중 한 사람으로서 제후 나라의 볼모이므로 수레와 말과 재물이 넉넉하지 않고 생활이 어려워 실의에 빠져 있었다. 여불위가 한단(邯鄲)[14]에서 장사하다가 그를 보고 불쌍하게 여겨 말했다.

"이 진귀한 재물은 사 둘 만하다."

그리고 자초를 찾아가 설득했다.

"나는 당신의 가문을 크게 만들어 줄 수 있습니다."

자초는 웃으면서 말했다.

"먼저 당신 가문을 크게 만든 뒤에 내 가문을 크게 만들어 주시오."

여불위가 말했다.

"당신이 모르는 모양인데, 제 가문은 당신 가문에 기대어 커질 것입니다."

자초는 그 말뜻을 깨닫고 안으로 불러들여 마주 앉아서 속마음을 털어놓았다.

[중략]

여불위는 한단의 여러 첩 가운데 외모가 뛰어나고 춤을 잘 추는 여자를 얻어 함께 살았는데 그녀가 아이를 가졌다는 것을 알게 되었다. 자

---

14 조나라의 수도.

초는 여불위의 집에서 술을 마시다가 그녀를 보고 한눈에 반해서 일어나 여불위의 장수를 기원하면서 그녀를 달라고 했다. 여불위는 화가 치밀었지만 이미 자기 집 재산을 다 기울여 자초를 위해 힘쓰고 있는 까닭은 진귀한 재물을 낚으려는 것임을 떠올리고 마침내 그 여자를 바쳤다. 그녀는 자신이 아이를 가진 몸임을 숨기고 만삭이 되어 정(政)[15]이라는 아들을 낳았다. 자초는 마침내 그 여자를 부인으로 세웠다.

해설

큰 상인이자 갑부인 여불위는 여러 제후국을 돌아다니며 시대의 흐름을 꿰뚫어 보는 혜안을 갖게 되었다. 조나라에 볼모로 와 있던 자초를 두고 "이 진귀한 재물은 사 둘 만하다."라고 말하는 데서 여불위의 안목을 엿볼 수 있다. 그는 사람에 대한 투자가 가장 확실한 것임을 알고, 자신의 아이를 임신한 첩을 자초에게 주어 훗날에 대비한다. 여불위는 진나라의 상국(相國)이 되어 진나라가 천하를 통일하는 데 큰 공을 세우고, 그 첩이 낳은 아들은 진시황이 되었다. 물론 여불위의 처세에 아쉬움도 있다. 자신을 절제하지 못하고 진시황의 생모와 부적절한 관계를 맺은 것이 진시황에게 발각되어 여불위는 상국의 자리에서 쫓겨나고 목숨에 위협을 느낀 여불위는 스스로 독주를 마시고 죽는다.

15 나중에 시황제가 된다.

자신을 알아주는 이를 위해 목숨을 바친다

10

자객 열전 刺客列傳

예양(豫讓)은 진(晉)나라 사람이다. 그는 일찍이 범씨(范氏)와 중항씨(中行氏)를 섬긴 일이 있지만 이름이 알려지지는 않았다. 예양은 그들을 떠나 지백(智伯)[16]을 섬겼다. 지백은 그를 대단히 존경하고 남다르게 아꼈다. 지백이 조양자(趙襄子)를 치자 조양자는 한나라, 위나라와 함께 일을 도모하여 지백을 멸망시키고 지백의 후손까지 죽여 땅을 셋으로 나누었다. 게다가 조양자는 지백에 대한 원망이 너무 큰 나머지 지백의 머리뼈에 옻칠을 해서 큰 술잔으로

16 춘추 시대 말 진(晉)나라의 육경(六卿)에는 한씨(韓氏), 조씨(趙氏), 위씨(魏氏), 범씨(范氏), 중항씨(中行氏), 지씨(智氏)가 있었다. 지씨, 즉 지백은 일찍이 한씨, 조씨, 위씨와 함께 범씨와 중항씨의 땅을 나누어 가졌으며 또 뒤에 조씨마저 멸망시키려 했지만 오히려 조씨에게 멸망당했다.

썼다. 예양은 산속으로 달아나 탄식하며 말했다.

"아! 선비는 자기를 알아주는 사람을 위해서 죽고, 여자는 자기를 사랑하는 사람을 위해서 얼굴을 꾸민다고 했다. 지금 지백이 나를 알아주었으니 내 기필코 원수를 갚은 뒤에 죽겠다. 이렇게 하여 지백에게 은혜를 갚는다면 내 영혼이 부끄럽지 않으리라."

그러고는 마침내 성과 이름을 바꾸고 죄수가 되어 조양자의 궁궐로 들어가 변소의 벽을 바르는 일을 했다. 몸에 비수를 품고 있다가 기회를 보아 조양자를 찔러 죽이려는 생각이었다.

조양자가 변소에 가는데 어쩐지 가슴이 몹시 두근거렸다. 그래서 변소 벽을 바르는 죄수를 잡아다 조사해 보니 그가 바로 예양이었다. 그의 몸속에는 비수가 숨겨져 있었다. 예양은 이렇게 말했다.

"지백을 위해 원수를 갚으려 했소."

그러자 주위에 있던 자들이 그의 목을 베려고 했다. 그때 조양자가 말했다.

"그는 의로운 사람이다. 내가 삼가 피하면 그만이다. 게다가 지백이 죽고 그의 뒤를 이을 자식조차 없는데, 그의 옛 신하로서 주인을 위하여 원수를 갚으려 했으니, 이 사람이야말로 천하의 현인이다."

그러고는 드디어 그를 풀어 주어 떠나가게 했다.

얼마 뒤 예양은 또 몸에 옻칠을 하여 문둥이로 꾸미고 숯가루를 먹어 목소리를 바꾸어서 자신의 모습을 아무도 알아볼 수 없게 하고 시장을 돌아다니며 구걸을 했다. 그 아내마저 예양을 알아보지 못할 정도였다. 예양이 친구를 찾아가 만나니 그 친구만은 예양을 알아보고 말했다.

"자네는 예양이 아닌가?"

예양이 말했다.

"내가 바로 예양일세."

그 친구는 울면서 말했다.

"자네의 재능으로 예물을 바치고 조양자의 신하가 되어 섬긴다면 조양자는 틀림없이 자네를 가까이하고 아낄 걸세. 그 사람이 자네를 가까이하고 아끼게 된 뒤에 하고 싶은 일을 하면 오히려 쉽지 않겠나? 그런데 자기 몸을 축내고 모습을 추하게 하여 양자에게 원수를 갚으려고 하니 어찌 어렵지 않겠는가!"

그러자 예양은 말했다.

"예물을 바치고 남의 신하가 되어 섬기면서 그 사람을 죽이려고 하는 것은 두마음을 품고 자기 주인을 섬기는 것일세. 지금 내가 하는 일은 매우 어렵네! 그러나 이렇게 하는 까닭은 천하 후세에 남의 신하가 되어 두마음을 품고 주인을 섬기는 자들이 부끄러움을 느끼도록 하려는 것일세."

예양은 이렇게 말하고 떠나갔다.

얼마 뒤 조양자가 외출할 때 예양은 그가 지나가는 다리 밑에 숨어 있었다. 조양자가 다리에 이르렀을 때 갑자기 말이 놀라니 그가 말했다.

"이는 틀림없이 예양 때문이다."

그리고 사람을 시켜 찾도록 하니 과연 예양이었다. 조양자는 예양을 꾸짖었다.

"그대는 일찍이 범씨와 중항씨를 섬기지 않았는가? 지백이 그들을 모두 멸망시켰지만 그대는 그들을 위해 원수를 갚기는커녕 도리어 지백에게 예물을 바쳐 그의 신하가 되었네. 이제 지백도 죽었는데, 그대는 유독 무슨 까닭으로 지백을 위해서 이토록 끈질기게 원수를 갚으려고 하는가?"

예양이 말했다.

"저는 범씨와 중항씨를 섬긴 일이 있습니다. 범씨와 중항씨는 모두 저를 보통 사람으로 대접했으므로 저도 보통 사람으로서 그들에게 보답했을 뿐입니다. 그러나 지백은 저를 한 나라의 걸출한 선비로 대우했으므로 저도 한 나라의 걸출한 선비로 그에게 보답하려는 것입니다."

그러자 조양자가 탄식하고 울면서 말했다.

"아, 예자(豫子)여! 그대가 지백을 위해 충성과 절개를 다했다는 이름은 벌써 이루어졌고, 과인이 그대를 용서하는 일도 이미 충분했네. 이제 그대는 각오해야 할 터, 내가 더는 그대를 놓아주지 않을 것임을!"

그러고는 병사들을 시켜 그를 포위했다. 예양이 말했다.

"신이 듣건대 '현명한 군주는 다른 사람의 아름다운 이름을 가리지 않고, 충성스러운 신하는 이름과 지조를 위하여 죽을 의무가 있다.'라고 합니다. 전날 군왕께서 저를 너그럽게 용서한 일로 천하 사람들 가운데 당신의 어짊을 칭찬하지 않는 이가 없었습니다. 오늘 일로 신은 죽어 마땅하나 모쪼록 당신의 옷을 얻어 그것을 칼로 베어 원수를 갚으려는 뜻을 이루도록 해 주신다면 죽어도 한이 없겠습니다. 이것은 신이 감히 바랄 수 없는 일이지만 신의 마음속 말을 털어놓는 것뿐입니다!"

이 말을 들은 조양자는 그의 의로운 기상에 크게 감탄하고 사람을 시켜 자기 옷을 예양에게 가져다주도록 했다. 예양은 칼을 뽑아 들고 세 번을 뛰어올라 그 옷을 내리치면서 말했다.

"이것으로 나는 지백에게 은혜를 갚을 수 있게 되었구나!"

그리고 칼에 엎어져 스스로 목숨을 끊었다. 예양이 죽던 날 조나라의 뜻있는 선비들은 이 소식을 전해 듣고 모두 그를 위해 눈물을 흘렸다.

해설

자신을 알아주는 사람을 위해 기꺼이 목숨을 바친 예양을 통해 자기 소임을 다하고자 목숨도 마다하지 않던 자객들의 충심을 엿볼 수 있다. 의리를 지키려 목숨을 초개같이 버릴 각오가 된 예양을 신하로 뒀던 지백의 안목과 처신 또한 미루어 짐작하게 해 주는 장면이다.

아녀자에게 속은 것도 운명이다

11

회음후 열전
淮陰侯列傳

한신은 한나라의 왕 고조가 자기의 재능을 두려워하고 미워하는 것을 알았으므로 언제나 병을 핑계로 조회에 나가지도 않고 수행하지도 않았다. 한신은 이로부터 날마다 고조를 원망하며 불만을 품고 강후(絳侯) 주발(周勃)이나 관영[17] 등과 동급의 자리에 있는 것을 부끄럽게 여겼다.

한번은 한신이 장군 번쾌의 집에 들른 적이 있었다. 번쾌가 무릎을 꿇고 절하면서 마중하고 배웅했고, 또 한신에게 자신을 신(臣)이라고

17 주발과 관영은 모두 진나라 말 유방을 따라 군사를 일으킨 인물들이다. 이때 공을 세워 주발은 강후로 봉해졌다가 나중에 태위(太尉)와 승상을 지냈고, 관영은 거기장군(車騎將軍)과 태위와 승상을 지냈다. 이들의 공적이나 명성은 한신만 못했다.

일컬으면서 말했다.

"왕께서 신의 집까지 왕림해 주셨군요."

한신은 문을 나와 쓴웃음을 지으며 말했다.

"살아생전에 번쾌 등과 같은 반열이 되다니……."

고조는 일찍이 한신과 함께 여러 장수의 능력에 관하여 마음 놓고 말하면서 각각 등급을 매긴 일이 있었다. 고조가 물었다.

"나 같은 사람은 얼마나 되는 군대를 이끌 수 있겠소?"

한신이 대답했다.

"폐하께서는 그저 10만 명을 이끌 수 있을 뿐입니다."

고조가 물었다.

"그대는 어떻소?"

한신이 대답했다.

"저는 많으면 많을수록 더욱 좋습니다."[18]

고조가 웃으면서 말했다.

"많으면 많을수록 더욱더 좋다면서 어째서 나에게 사로잡혔소?"

한신이 대답했다.

"폐하께서는 군대를 이끌 수는 없습니다만 장수를 거느릴 수는 있습니다. 이것이 바로 신이 폐하께 사로잡힌 까닭입니다. 또 폐하는 이른바 하늘이 주신 바이니 사람의 힘으로는 어쩔 수 없습니다."

진희(陳稀)가 거록군(鉅鹿郡) 태수로 임명되어 회음후 한신에게 작별

---

18 다다익선(多多益善)이라는 말이 여기서 유래했다.

인사를 하러 왔다. 회음후가 그의 손을 잡고 주위 사람들을 물리친 뒤 뜰을 거닐면서 하늘을 우러러보고 탄식하며 말했다.

"그대에게는 말할 수 있겠지? 그대와 상의하고 싶은 것이 있소."

진희가 말했다.

"예. 장군께서는 명령만 내리십시오."

회음후 한신이 말했다.

"그대가 태수로 부임하는 곳은 천하의 정예 부대가 모여 있는 곳이오. 그리고 그대는 폐하께서 믿고 아끼는 신하요. 누군가가 그대가 모반했다고 하더라도 폐하께서는 반드시 믿지 않을 것이오. 그러나 그런 통보가 두 번 온다면 폐하께서는 의심할 테고, 세 번 오면 반드시 화를 내며 직접 칠 것이오. 그때 내가 그대를 위하여 한에서 일어나면 천하를 도모할 수 있을 것이오."

진희는 전부터 한신의 재능을 알고 있었기 때문에 믿고 말했다.

"삼가 말씀대로 하겠습니다."

한나라 10년에 정말로 진희가 모반하자 고조는 장수가 되어 직접 치러 갔다. 한신은 병을 핑계로 따라가지 않고, 아무도 모르게 진희에게 사람을 보내 이렇게 말했다.

"군사를 일으키면 내가 여기서 그대를 돕겠소."

한신은 가신들과 짜고 밤에 거짓 조서를 내려 각 관아의 죄인들과 관노를 풀어 주고 이들을 동원해 여후와 태자를 습격하려 했다. 각기 맡을 부서가 정해지고 진희의 회답만을 기다리고 있었다. 이때 한신의 가신 가운데 한신에게 죄를 지은 자가 있어 한신이 잡아 죽이려고 했다.

그러자 그 가신의 아우가 여후에게 변고를 알리고 한신이 모반하려는 상황을 말했다. 여후는 한신을 불러들이려다가 혹시 한신이 응하지 않을까 염려되어, 상국 소하와 상의하여 사람을 시켜 고조가 있는 곳에서 온 것처럼 속여 말했다.

"진희는 벌써 사형에 처해졌습니다. 여러 제후와 신하가 모두 축하하고 있습니다."

소 상국이 다시 한신을 속여 말했다.

"병중이라 하더라도 부디 들어와 축하의 뜻을 표하십시오."

한신이 들어가자 여후는 무사를 시켜 한신을 포박하여 장락궁(長樂宮)의 종실(鍾室)에서 목을 베도록 했다. 한신은 죽으면서 이렇게 말했다.

"괴통(蒯通)의 계책을 쓰지 못한 것이 안타깝다. 아녀자에게 속은 것이 어찌 운명이 아니랴!"

여후는 한신의 삼족을 멸했다.

● 해설 ●

가랑이 사이로 기어가는 굴욕을 겪고 동네 아낙에게 밥을 빌어먹던 한신은 대장군에서 제후왕의 자리까지 올라갔다가 결국 역적으로 몰려 죽게 된다. 스스로의 마음을 다스리고 주변을 살피지 못한 까닭이다. 한신은 세상에는 자기보다 나은 자들이 적지 않고 과거에 하찮게 여겼던 번쾌 같은 자가 자신과 동급 지위에 오르는 것이 세상의 이치임을 몰랐다. 결국 한신은 겸손한 자세로 처신하지 못하여 토사구팽의 주인공이 되고 만다.

● 괴통의 계책

유방이 천하를 통일하기 전 괴통은 천하 대권의 향방이 한신에게 달렸음을 알고 천하를 셋으로 나누어 독립하라는 계책[천하삼분지계(天下三分之計)]을 내놓는다. 유방 밑에 있으면 언젠가는 당할지 모르니 일찌감치 벗어나라고 권한 것이다. 그러나 한신은 괴통의 말을 듣지 않았고 결국 역적으로 몰려 죽는다. 한신이 "괴통의 계책을 쓰지 못한 것이 안타깝다."라고 후회하며 죽은 것을 전해 들은 유방은 괴통을 삶아 죽이려 했다. 그러자 괴통은 "개는 본래 자기 주인이 아닌 사람을 보면 짖기 마련이다."라고 하며 당시 자신은 "한신만 알았을 뿐 폐하는 알지 못했다."라고 답했고, 이에 고조는 일리 있는 말이라고 여겨 그를 풀어 주었다.

부잣집 아들은 마루 끝에 앉지 않는 법

12

원앙·조조 열전

袁盎晁錯列傳

문제가 패릉(覇陵)에서 서쪽으로 가파른 고갯길을 달려 내려가려고 했다. 그때 원앙(袁盎)은 타고 있던 말을 황제의 수레 옆에 대고는 말고삐를 잡아당겼다. 황제가 말했다.

"장군은 두렵소?"

원앙이 말했다.

"신이 듣건대, 천금을 가진 부잣집 아들은 마루 끝에 앉지 않고, 백금을 가진 부잣집 아들은 난간에 기대어 서지 않으며, 성스러운 군주는 위험을 무릅쓰면서까지 요행을 바라지 않는다고 합니다. 지금 폐하께서는 여섯 마리의 말이 끄는 마차를 달려 가파른 고갯길을 내려가시려고 하는데, 만일 말이 놀라 수레가 부서지기라도 한다면 폐하께서는 자신을 가볍게 여긴 것이라 치더라도 종묘와 태후를 무슨 낯으로 대하시겠습니까?"

그러자 문제는 [달리려는] 생각을 거두었다.

● 해설 ●

제왕의 자리는 그저 기분 내키는 대로 할 수 있는 자리가 아니다. 자신의 일거수일투족을 바라보는 수많은 백성과 신하가 있다는 것 또한 제왕은 알아야 한다. 제왕의 처신과 하층민의 처신에는 단순히 지위 고하의 문제를 떠나 큰 차이가 있다. 제왕은 주변을 철저히 돌아보아야 하는 존재다. 높은 지위에 있는 사람일수록 처신이 중요하다. 윗사람이 경거망동하면 아래의 질서도 무너지는 법이다.

임금의 총애를 받았지만 한 푼도 갖지 못한 자

13

영행 열전

佞幸列傳

효문제 때 궁궐에서 총애를 받은 신하로서 사인(士人)으로는 등통(鄧通)이 있고 환관으로는 조동(趙同)과 북궁백자(北宮伯子)가 있었다. 북궁백자는 장자의 풍모를 지녔으며 조동은 점성술과 망기술(望氣術)[19]에 뛰어났으므로 총애를 받아 항상 문제의 참승(驂乘)[20]이 되었으나, 등통에게는 별다른 재능이 없었다.

등통은 촉군 남안(南安) 사람으로, 노를 가지고 배를 잘 저어 황두랑(黃頭郎)[21]이 되었다. 어느 날 효문제는 이런 꿈을 꾸었다. 하늘을 오르

19 구름의 모양을 보고 점을 치는 것.
20 임금을 모시고 수레에 타는 일.
21 한나라 때 선주(船主)가 누런색 모자를 썼기에 이렇게 불렸다.

려고 애썼지만 오를 수 없었는데, 때마침 한 황두랑이 뒤에서 밀어 주어 하늘에 오를 수 있어서 뒤를 돌아보니 그 황두랑의 옷에 등 뒤로 띠를 맨 곳의 솔기가 터져 있었다. 문제는 잠에서 깬 뒤 점대(漸臺)로 가서 꿈속에 나타나 등을 밀어올려 준 황두랑을 조용히 찾아보았다. 그런데 등통을 보니 그의 옷이 등 뒤가 터졌는데 꿈속에서 본 것과 같았다. [그를] 불러 성과 이름을 물어보니, 성은 등이고 이름은 통이었다. 문제는 기뻐하면서 날이 갈수록 그를 더욱더 총애했다. 등통도 삼가며 신중한 데다가 [궁궐] 밖 사람들과 사귀는 것을 싫어하여 휴가를 주어도 나가려 하지 않았다. 이리하여 문제는 등통에게 거만 전을 열 번이나 상으로 내렸고, [그의] 벼슬은 사대부까지 이르렀다. 문제는 때때로 등통의 집으로 가서 놀기도 했다. 그러나 등통은 다른 재능이 없고 능력 있는 사람을 추천할 줄도 모르며, 다만 자기 한 몸을 삼가며 황상의 비위를 맞출 뿐이었다.

황상이 관상을 잘 보는 사람에게 등통의 관상을 보게 하니 가난해서 굶어 죽을 상이라고 했다. [그러자] 문제가 말했다.

"등통에게는 부자로 만들어 줄 수 있는 내가 있는데 어떻게 가난하다고 말하는가?"

그래서 등통에게 촉군 엄도현(嚴道縣)에 있는 구리 광산을 주고 마음대로 돈을 만들어 쓸 수 있게 해 주어 등씨전(鄧氏錢)이 온 천하에 널리 퍼졌다. 그는 이 정도로 부자가 되었다.

문제가 일찍이 종기를 앓았는데, 등통은 황제를 위해 늘 종기의 고름을 빨아냈다. 문제는 마음이 편치 못하므로 등통에게 조용히 물었다.

"이 세상에서 누가 가장 나를 사랑하느냐?"

등통이 대답했다.

"물론 태자를 따를 사람이 없을 것입니다."

태자가 문병하러 들어오자 문제는 태자에게 종기의 고름을 빨아내게 했다. 그런데 태자는 종기를 빨아내기는 하지만 난감해 했다. 얼마 뒤 [태자는] 등통이 황제를 위해 늘 종기의 고름을 빨아낸다는 말을 듣고 마음속으로 부끄러워 하면서도 이로 인해 등통을 원망하게 되었다.

문제가 죽고 경제(景帝)가 즉위하자 등통은 벼슬을 그만두고 집에 있었다. 오래지 않아 등통이 나라의 법을 어기고 돈을 주조하여 국경 밖으로 실어 나른다고 고발하는 사람이 있었다. 관리가 이 일을 조사하였는데 그런 일이 있으므로 결국 유죄로 판결되어 등통의 재산을 모조리 몰수하니 [등통은] 거만금의 빚까지 지게 되었다. 장공주(長公主)[22]가 등통에게 재물을 내려 주었으나 그때마다 관리가 재빨리 몰수해 갔다. 그래서 등통은 비녀 하나조차 몸에 지닐 수 없는 처지가 되었다. 그러자 장공주는 빌려 주는 것으로 하여 등통에게 입을 것과 먹을 것을 보내 주었다. 등통은 끝내 자기 이름으로는 단 한 푼도 가져 보지 못한 채 남의 집에 얹혀살다가 죽었다.

---

22 경제의 누나.

해설

등통의 이야기는 제아무리 배경이 좋아도 주변을 돌아보며 처신을 올바르게 해야만 행운을 계속 누릴 수 있다는 것을 일깨워 준다. 가진 자가 성공하기 쉽고 뒤를 봐주는 절대 권력자가 있으면 성공하기가 더욱 쉬운 법이다. 등통이 구리 광산을 통해 큰돈을 벌게 된 것도 자신의 주위를 살피지 않고 오로지 황제에게만 온 정성을 기울여 아부한 탓이다. 그러나 그것을 지키고 유지하는 것 또한 자신의 몫이다.

희한한 관상 이야기

14

강후 주발 세가
絳侯周勃世家

조후(條侯) 주아부(周亞夫)가 아직 봉후가 되지 않고 하내군수(河內郡守)로 있을 때, 허부(許負, 관상가)가 그의 관상을 보며 말했다.

"당신은 삼 년이 지나면 후(侯)에 봉해질 것이오. 후가 된 지 팔 년이 되면 장군과 승상이 되어 나라의 권력을 잡을 것이며, 높은 자리를 차지할 것이니, 신하들 중에 당신에 버금갈 자가 둘도 없을 것이오. 그리고 구 년이 더 지나면 당신은 굶어 죽게 될 것이오."

주아부가 웃으며 말했다.

"나의 형님이 이미 아버지의 후위를 대신했으니 설령 그가 죽게 되더라도 그의 아들이 대신하는 것이 마땅한데, 내가 어찌 봉후를 말할 수 있겠소? 그러나 내가 당신의 말처럼 귀하게 된다면 또 어떻게 굶어 죽는다고 말할 수 있겠소? 내게 자세히 알려 주시오."

허부가 주아부의 입을 가리키며 말했다.

"당신의 입 주위에 가로로 무늬가 있으니 이는 굶어 죽을 관상입니다."

그로부터 삼 년이 지난 다음 그의 형 강후(絳侯) 주승지가 죄를 지어 효문제는 강후의 아들 중에 현명한 자를 선택하려고 하니 모두들 주아부를 추천했으므로 효문제는 주아부를 조후로 봉하여 강후의 뒤를 잇게 했다.

해설

관상이란 '골상(骨相)'이라고도 하듯이 사람의 귀천과 성패를 판단하는 일종의 인물평이다. 제후가 된 주아부는 훗날 모반죄에 연루되어 체포되기 전에 목숨을 끊으려 했으나 결국 정위에게 넘겨졌으며, 닷새간 단식을 하다가 피를 토하고 죽었고, 봉국도 없어졌다. '굶어 죽을 운명'이라는 관상이 제대로 들어맞은 셈이다.

백이와 숙제에게는 원망의 마음이 없었을까

15

백이 열전

伯夷列傳

백이(伯夷)와 숙제(叔齊)는 고죽국(孤竹國) 군주[23]의 두 아들인데, 그들의 아버지는 아우인 숙제에게 뒤를 잇게 할 작정이었다. 그러나 아버지가 죽자 숙제는 왕위를 형 백이에게 양보하려고 했다. 그러자 백이는 '아버지의 명령'이라면서 달아나 버렸고, 숙제도 [왕위에] 오르려 하지 않고 떠나 버렸다. 고죽국 사람들은 할 수 없이 중간의 아들[24]을 왕으로 세웠다. 이때 백이와 숙제는 서백창(西伯昌)[25]

---

23 고죽국 군주의 성은 묵태(墨胎)이고 이름은 초(初)이며 자는 조(朝)이다. 그는 청렴하고 고상한 지조를 지킨 백이와 숙제의 아버지로 알려져 있으나 확실치는 않다.

24 백이의 동생이며 숙제의 형.

25 주나라 문왕(文王)을 가리킨다. 그는 은나라 말기에 서쪽 제후의 우두머리였기 때문에 서백(西伯)으로 불린다. '백(伯)'은 '패(覇)'의 의미다.

이 노인을 잘 모신다는 소문을 듣고 그를 찾아가서 몸을 의탁하려고 했다. 그런데 그들이 [주나라에] 이르렀을 때 서백창은 이미 죽고 없었고, [그의 아들] 무왕(武王)은 선왕의 시호를 문왕(文王)이라고 일컬으며 나무로 만든 아버지의 위패를 수레에 싣고 동쪽으로 주왕[26]을 치려 했다. 백이와 숙제는 무왕의 말고삐를 붙잡고 간언했다.

"아버지가 돌아가셨는데 장례도 치르지 않고 바로 전쟁을 일으키는 것을 효(孝)라고 할 수 있습니까? 신하 신분으로 군주를 죽이는 것을 인(仁)이라고 할 수 있습니까?"

그러자 [무왕] 곁에 있던 신하들이 무기로 그들의 목을 베려고 했다. 이때 태공(太公)[27]이 [그들을 두둔하여] 말했다.

"이들은 의로운 사람들이다."

이에 그들을 일으켜서 가게 했다. 그 뒤 무왕이 은나라의 어지러움을 평정하자 천하는 주나라를 종주(宗主)로 삼았다. 그러나 백이와 숙제는 이를 부끄럽게 여기고 의롭게 주나라 곡식을 먹지 않고, 수양산(首陽山)으로 들어가 고사리를 뜯어 먹었다. 그들은 굶주려서 죽을 지경에 이르러 노래를 지었는데, 그 가사는 이렇다.

저 서산(西山)에 올라

---

26 은나라 마지막 임금으로, 포악하고 잔인하여 하나라 걸왕과 함께 폭군의 대명사로 일컬어진다. 무왕이 그를 죽이고 은나라를 멸망시켰다.

27 제나라의 시조인 여상(呂尙)을 말한다.

고사리[28]를 뜯네.

폭력으로 폭력을 바꾸었건만

그 잘못을 모르는구나.

신농(神農),[29] 우, 하나라 때는 홀연히 사라졌으니

우리는 앞으로 어디로 돌아가야 하나?

아아! [이제는] 죽음뿐,

운명도 다했구나!

마침내 수양산에서 굶어 죽었다.

이 가사로 미루어 본다면, 원망한 것인가? [원망하지] 않은 것인가?

[중략]

요즘 시대에 들어서면서 규범을 따르지 않고 법령이 금지하는 일만을 일삼으면서도 한평생을 편안하게 즐거워하며 대대로 [부귀가] 이어지는 사람이 있다. 그런가 하면 걸음 한 번 내딛는 데도 땅을 가려서 딛고, 말을 할 때도 알맞은 때를 기다려 하며, 길을 갈 때는 작은 길로 가지 않고, 공평하고 바른 일이 아니면 떨쳐 일어나서 하지 않는데도 재앙을 만나는 사람은 헤아릴 수 없을 만큼 많다. 나는 매우 당혹스럽다. 만일 [이러한 것이] 하늘의 도라면 옳은 것인가? 그른 것인가?

---

28 원문의 '미(薇)'를 번역한 것으로 '고사리'라는 역어가 널리 알려져 있어 관용상 그대로 두었다. '고비나물' 혹은 '고비'라는 의미도 있다. 중국에서는 이 글자를 콩과 식물의 한 가지로 보아 '야생 완두[野豌豆]'로 파악한다.

29 농사짓는 법을 가르쳤다는 전설 속의 제왕이다.

해설

마지막 부분의 한탄에서 볼 수 있듯 사마천은 천도(天道)에 대한 의문을 표시하면서 인간사의 불공정함에 회의를 품는다. 천도의 기본은 권선징악이지만 현실은 오히려 그 반대인 경우가 적지 않아 착한 사람이 재앙을 입고 나쁜 사람이 복을 누리는 게 세상의 이치라는 것이다. 이는 올바르게 살았지만 궁형을 당한 자신의 처지에 대한 한탄이기도 하다. 사마천은 〈백이 열전〉에서 단순히 수양산에서 굶어 죽은 백이와 숙제의 행적을 적는 데 그친 것이 아니라 도도히 흐르는 역사 속에서 어찌할 수 없는 인간의 운명에 대해 썼다.

사랑을 받을 때와 미움을 받을 때의 차이

16

노자·한비 열전

老子韓非列傳

예전에 미자하(彌子瑕)라는 사람이 위(衛)나라 군주의 총애를 받았다. 위나라 법에는 군주의 수레를 타는 자는 월형(刖刑)[30]에 처하도록 되어 있었다. 얼마 뒤에 미자하의 어머니가 병이 나자 어떤 사람이 밤에 미자하가 있는 곳으로 가서 알렸다. 미자하는 군주의 명령이라고 속여 군주의 수레를 타고 대궐 문을 빠져나갔다. 군주는 이 일을 듣고 미자하를 어질다고 하면서 이렇게 말했다.

"효자로구나! 어머니를 위해 발꿈치가 잘리는 형벌까지 감수하다니!"

또 미자하가 군주와 과수원에 갔다가 복숭아를 먹어 보니 맛이 달았다. 미자하가 먹던 복숭아를 군주에게 바치자 군주는 또 이렇게 말했다.

30 죄인의 발꿈치를 베는 형벌.

"나를 끔찍이 위하는구나. 제 입맛을 참고 이토록 나를 생각하다니."

그 뒤 미자하는 고운 얼굴빛이 사라져 군주의 총애를 잃고 군주에게 죄를 짓게 되었다. 그러자 군주는 이렇게 말했다.

"이자는 일찍이 나를 속이고 내 수레를 탔고, 또 나에게 먹다 남은 복숭아를 먹게 했다."

미자하의 행위는 처음이나 나중이나 다를 바가 없었지만, 이전에는 현명하다고 칭찬을 받고 뒤에는 죄를 입게 되었다. 그것은 군주가 그를 사랑하고 미워하는 마음을 완전히 바꾸었기 때문이다. 그러므로 군주에게 총애를 받을 때에는 지혜가 군주의 마음에 든다고 하여 더욱 친밀해지고 군주에게 미움을 받을 때에는 죄를 짓는다고 하여 더욱더 멀어지는 것이다. 따라서 군주에게 간언하고 유세하는 자는 군주가 자기를 사랑하는가 미워하는가를 살펴본 다음에 유세해야 한다.

용이라는 벌레는 잘 길들여 가지고 놀 수도 있고 그 등에 탈 수도 있으나, 그 목덜미 아래에 거꾸로 난 한 자 길이의 비늘이 있어 이것을 건드린 사람은 [용이] 죽인다고 한다. 군주에게도 거꾸로 난 비늘이 있으니, 유세하는 사람이 군주의 거꾸로 난 비늘[역린(逆鱗)]을 건드리지 않아야 성공한 유세에 가깝다고 할 수 있을 것이다.

어떤 사람이 한비의 책을 진(秦)나라로 가지고 와 전파했다. 진왕[진시황]은 〈고분(孤憤)〉과 〈오두(五蠹)〉 두 편의 문장을 보고 말했다.

"아! 과인이 이 [책을 쓴] 사람을 만나 교유할 수만 있다면 죽어도 한이 없겠다."

이사가 말했다.

"이것은 한비라는 사람이 지은 책입니다."

해설

사마천은 법치를 내세운 한비자를 소개하면서 한비자가 쓴 책의 내용을 인용했다. 이 장면은 그 가운데 미자하의 일화로 유세의 어려움을 보여 준다. 동일한 행위를 하더라도 그것을 보는 시각과 그 사람과의 관계에 따라 평가가 달라진다는 이야기다. 미자하의 행동을 평가하는 왕의 모습을 통해 우리는 인간의 감정이 얼마나 비합리적이고 가변적인가 하는 것을 알 수 있다. 물론 이 장면에서 한비가 말하는 핵심은 절대 군주에 대한 자세다. 불원불근(不遠不近), 즉 너무 멀리하지도 가까이하지도 말라는 말이다. 사람의 마음은 늘 변하기 때문이다. 그러나 인간은 어리석게도 자신도 모르게 군주의 역린을 건드리는 것과 같은 우를 범한다. 이것이 인간이다. 참고로 사마천은 한비자라고 하지 않고 한비(韓非)라고 했다.

부귀하면 우러러보고 가난하면 업신여기는 법

17

소진 열전

蘇秦列傳

◉ 소진은 [북쪽으로] 조나라 왕에게 [일의 경과를] 보고하러 가는 길에 낙양을 지나게 되었다. 기마와 짐을 실은 수레를 비롯하여 제후들마다 [소진을 모실] 사자를 보내 주어 전송하는 자가 매우 많아 국왕의 행차에 견줄 만했다. 주나라 현왕(顯王)은 이런 소문을 듣고 두려워 [소진이 지나가는] 길을 쓸도록 하고 교외까지 사람을 보내 맞아 위로하게 했다. 소진의 형제와 아내와 형수가 곁눈으로 볼 뿐 감히 고개를 들어 바라보지 못하고 고개를 숙인 채 식사를 하니 소진이 웃으면서 형수에게 말했다.

"어찌하여 전에는 오만하더니 지금은 공손합니까?"

형수는 몸을 굽혀 기어 와서 얼굴을 땅에 대고 사죄하며 말했다.

"계자(季子: 소진)의 지위가 귀하고 재물이 매우 많은 것을 보았기 때문입니다."

소진은 길게 탄식하며 말했다.

"이 한 몸도 부귀해지자 친척들이 두려워하고 가난하고 천하면 업신여기는데, 하물며 뭇사람들임에랴! 만일 나에게 낙양성 주변에 밭이 두 이랑만 있었던들 어찌 여섯 나라 재상의 인수(印綬)[31]를 찰 수 있었을까?"

그리하여 [소진은] 천금을 풀어 일족과 친구들에게 나누어 주었다.

해설

소진은 여섯 나라의 재상이 되기 전에는 자신을 구박하던 형수가 금의환향한 자신에게 감히 고개도 들지 못하고 전전긍긍하자 탄식한다. 소진이 느낀 세태는 예나 지금이나 매한가지다. 그 사람의 겉모습과 배경만 중시하고 인품은 보지 않는 사례는 수없이 많다. 사람들이 권력을 잡고자 하는 것도 이 때문이다. 사마천은 "부유하고 귀하면 사람이 많이 모여들고 가난하고 지위가 낮으면 벗이 적어지는 것은 일의 당연한 이치"라고 지적한다.

31 병권을 가진 무관이 병부 주머니를 매어 차던 길고 넓적한 사슴 가죽 끈.

닭 울음소리와 개 짖는 소리가 쓸모 있는 이유

18

맹상군 열전

孟嘗君列傳

◉ 진나라 소왕(昭王)이 맹상군(孟嘗君)이 현명하다는 소문을 듣고 먼저 자기 아우인 경양군(涇陽君)을 제나라에 볼모로 보내 맹상군을 만나고자 했다. 맹상군이 초대를 받아들여 진나라로 가려고 하는데, 빈객 중에서 그가 진나라로 가기를 바라는 사람은 아무도 없었다. 그들이 가지 말라고 간청했지만 맹상군은 듣지 않았다. 소대(蘇代)가 말했다.

"오늘 아침 저는 밖에서 이곳으로 오는 길에 나무 인형과 흙 인형이 서로 주고받는 말을 들었습니다. 나무 인형이 '하늘에서 비가 내리면 너는 허물어질 거야.'라고 말하자 흙 인형이 '나는 원래 흙에서 태어났으니 허물어지면 흙으로 돌아가면 그뿐이지만 하늘에서 비가 내리면 너는 어디까지 떠내려가야 할지 몰라.'라고 대답했습니다. 진나라는 호랑이나 이리처럼 사나운 나라입니다. 그런데 군이 가려고 하시니 돌아오지 못하는 일이라도 생기면 흙 인형의 비웃음을 피하지 못할 것입니다."

맹상군은 진나라로 가려는 생각을 그만두었다.

제나라 민왕(湣王) 25년에 왕은 결국 맹상군을 다시 진나라로 들어가도록 했다. 진나라 소왕은 맹상군을 즉시 진나라 재상으로 삼으려고 했다. 그러자 어떤 사람이 진나라 소왕에게 이렇게 말했다.

"맹상군은 훌륭한 인물로 제나라의 일족입니다. 지금 그를 진나라 재상으로 삼는다면, 반드시 제나라의 이익을 먼저 생각하고 진나라의 이익을 뒤로 미룰 것입니다. 그러면 진나라는 위태로워집니다."

진나라 소왕은 맹상군을 재상으로 삼으려는 생각을 그만두고, 그를 가두고 계략을 짜내 죽이려고 했다. 이에 맹상군은 사람을 시켜 소왕이 아끼는 첩에게 가서 풀어 주기를 청하도록 했다. 소왕의 첩은 이렇게 말했다.

"저는 맹상군이 가지고 있는 여우 겨드랑이의 흰 털로 만든 가죽옷[호백구(狐白裘)]을 갖고 싶습니다."

이때 맹상군은 여우 겨드랑이의 흰 털로 만든 가죽옷을 한 벌 가지고 있었는데 그 값은 천금이나 되고 천하에 둘도 없는 것이었다. 그러나 이것은 진나라에 와서 소왕에게 이미 바쳤고 또 다른 옷은 없었다. 맹상군은 고민에 싸여 빈객들에게 널리 그 대책을 물었지만 시원하게 대답하는 이가 없었다. 그런데 맨 아랫자리에 앉아 있는 사람 중에 개 흉내를 내어 좀도둑질을 하던 자가 있었는데, 그가 이렇게 말했다.

"제가 여우 가죽옷을 구해 올 수 있습니다."

밤이 이슥해지자 그는 개 흉내를 내어 진나라 궁궐의 창고 속으로 들어가 전날 소왕에게 바쳤던 여우 가죽옷을 훔쳐 돌아왔다. 맹상군이 이것을 진나라 소왕의 첩에게 바치니, 소왕의 첩이 맹상군을 위해 소왕에게 말하자 소왕은 맹상군을 풀어 주었다.

맹상군은 풀려 나오자 바로 말을 몰아 달아났다. 국경 통행증을 위조하고 이름과 성을 바꾸어 국경을 빠져나오려고 했다. 그는 한밤중이 되어서야 함곡관에 다다랐다. 진나라 소왕은 뒤늦게 맹상군을 풀어 준 것을 후회하고 그를 찾았으나 이미 달아난 뒤이므로 사람을 시켜 말을 달려 그를 뒤쫓게 했다.

한편 맹상군은 함곡관까지 왔지만 국경의 법으로는 첫닭이 울어야만 객들을 내보내게 되어 있었다. 맹상군은 뒤쫓아 오는 자들이 닥칠까 봐 어쩔 줄을 몰랐다. 빈객 가운데 맨 끝자리에 앉은 자가 닭 울음소리를 흉내 내자 [근처의] 닭들이 다 울었다. 그래서 통행증을 보이고 함곡관을 빠져나왔다. 시간이 조금 지나서 맹상군을 뒤쫓던 진나라 사람들이 국경에 이르렀으나 맹상군이 이미 빠져나간 뒤이므로 되돌아갈 수밖에 없었다.

처음 맹상군이 좀도둑과 닭 울음소리를 잘 내는 사람[32]을 빈객으로 삼았을 때, 다른 빈객들은 모두 [그들과] 같은 자리에 앉는 것을 부끄러

---

32 하찮은 재주 또는 그런 재주를 가진 사람을 뜻하는 말인 '계명구도(鷄鳴狗盜)'가 여기서 유래했다.

워했다. 그런데 맹상군이 진나라에서 곤경에 처했을 때 결국 이 두 사람이 그를 구했다. 그 뒤 빈객들은 너나없이 맹상군을 따르게 되었다.

해설

제나라 종실 대신인 전영의 서자로 빈객과 선비를 좋아한 맹상군은 어린 나이에도, 자신의 아버지가 첩들은 아름다운 비단옷을 바닥에 끌고 다니도록 하면서 선비들은 짧은 바지 하나 제대로 걸치지 못하게 내버려 둔다며 비판을 서슴지 않았다. 또한 집에 있는 하인과 첩은 쌀밥과 고기를 실컷 먹고도 남아돌게 하면서 선비들은 쌀겨나 술지게미조차 배불리 먹지 못하는 것은 옳지 못하다며 빈객을 예우할 것을 주장하기도 했다. 맹상군이 개 짖는 소리와 닭 울음소리를 흉내 내던 사람들을 빈객으로 불러들였을 때 그들이 맹상군을 절체절명의 위기에서 구하리라고 생각한 사람은 아무도 없었다. 맹상군의 남다른 안목을 짐작하게 하는 이야기다. 인재는 한 가지 재주만으로도 가치가 있다는 것을 잘 보여 주는 예다.

제5부

안목을 길러 미래에 대비하라

세 치 혀가 군사 백만 명보다 강한 법

01

평원군·우경 열전 平原君虞卿列傳

진나라가 [조나라의 수도] 한단을 포위하자, 조나라는 평원군을 보내 초나라에 도움을 청하고 합종하도록 했다. 평원군은 빈객과 문하 중에서 용기와 힘이 있고 문학적 소양과 무예를 두루 갖춘 사람 스무 명과 함께 가기로 약속했다. 평원군이 말했다.

"평화롭게 담판을 지어 맹약을 맺을 수 있다면 좋은 일입니다. 그러나 평화롭게 담판을 지어 승리를 얻을 수 없다면 초나라의 궁전 밑에서 [희생의] 피를 마시며 합종을 맺고 돌아오겠습니다. [같이 갈] 선비들은 다른 데서 구하지 않고 제 빈객과 문하에서 뽑아도 충분합니다."

평원군은 열아홉 명을 뽑았지만, 나머지 한 명은 뽑을 만한 사람이 없어서 스무 명을 채우지 못했다. 문하에 모수(毛遂)라는 이가 있었는데, 앞으로 나서서 스스로 자신을 추천하며 평원군에게 말했다.

"당신은 초나라와 합종 맹약을 맺기 위하여 빈객과 문하 스무 명과 함께 가기로 약속하고, 사람을 밖에서 찾지는 않는다고 들었습니다. 한 사람이 모자라니 저를 그 일행에 끼워 주십시오."

평원군이 말했다.

"선생은 내 문하에 있은 지 몇 해나 되었소?"

모수가 말했다.

"이미 삼 년 됐습니다."

평원군이 말했다.

"대체로 현명한 선비가 세상에 있는 것은 비유하자면 주머니 속에 있는 송곳과 같아서 그 끝이 금세 드러나 보이는 법이오. 지금 선생은 내 문하에 삼 년이나 있었지만, 내 주위 사람들은 선생을 칭찬한 적이 한 번도 없으며 나도 선생에 대해 들은 적이 없소. 이것은 선생에게 이렇다 할 재능이 없다는 뜻이오. 선생은 같이 갈 수 없으니 남아 있으시오."

모수가 말했다.

"저는 오늘에야 당신의 주머니 속에 넣어 달라고 부탁드리는 것입니다. 만일 저를 좀 더 일찍이 주머니 속에 있게 했더라면 그 끝만 드러나 보이는 게 아니라 송곳 자루까지 밖으로 나왔을 것입니다."

평원군은 결국 모수와 함께 가기로 했다. 열아홉 명은 모수를 업신여겨 서로 눈짓하며 비웃었으나 [그러한 마음을] 밖으로 드러내지는 않았다.

모수는 초나라에 가는 동안 열아홉 명과 논쟁을 벌였는데, 그들이 모두 탄복했다. 평원군이 초나라와 합종하기 위하여 그 이로운 점과 해로운 점을 이야기하는데, 해가 뜰 무렵부터 시작하여 중천에 이르도록 결정을 짓지 못했다. 열아홉 명은 모수에게 말했다.

"선생이 당(堂) 위로 올라가시오."

모수는 칼자루를 잡고 계단을 올라 평원군에게 말했다.

"합종의 이로운 점과 해로운 점은 두 마디면 결정됩니다. 지금 해 뜰 무렵부터 이야기를 시작하여 한낮이 되도록 결정을 내리지 못하는 까닭이 무엇입니까?"

초나라 왕이 평원군에게 물었다.

"저 손님은 누구입니까?"

평원군이 대답했다.

"저 사람은 제 사인입니다."

초나라 왕은 큰 소리로 모수를 꾸짖으며 말했다.

"어찌하여 내려가지 않는가! 나는 그대의 주인과 이야기하는 중인데 이게 무슨 짓인가!"

모수는 칼자루를 잡고 앞으로 다가가서 말했다.

"왕께서 저를 꾸짖는 것은 초나라 병사가 많다고 생각하기 때문입니다. 그러나 지금 열 걸음 안에서는 왕께서 초나라 병사가 많은 것을 믿을 수 없습니다. 왕의 목숨은 제 손에 달려 있습니다. 제 주인이 앞에 있는데 저를 꾸짖는 것은 무슨 까닭입니까? 또 은나라 탕왕(湯王)은 땅 70리를 가지고 천하의 왕이 되었고, 주나라 문왕은 땅 100리를 가지고 제후를 신하로 삼았다고 들었습니다. 이것이 어찌 병사가 많았기 때문이겠습니까? 정녕 세력에 의지하여 그 위엄을 떨쳤기 때문입니다. 지금 초나라 땅은 사방 5000리이고 창을 가진 병사가 백만이나 됩니다. 이것은 천하의 우두머리로서 왕이 될 수 있는 바탕입니다. 천하에 초나라의 강대함에 맞설 만한 나라는 없습니다. 그런데 [진나라 장군] 백기(白起)처럼 형편없는 자가 병사 수만 명을 이끌고 군대를 일으켜 초나라와 한 번 싸워 언과 영을 빼앗고, 두 번 싸워서 이릉(夷陵)[1]을 불사르고, 세 번 싸워서 왕의 조상을 욕보였습니다. 이것은 [초나라에] 백 대가 지나도 잊을 수 없는 원통한 일이며, 조나라에도 수치스러운 일입니다. 그런데 왕께서는 이것을 부끄러워할 줄 모르고 계십니다. 합종은 초나라를 위한 일이지 조나라를 위한 일이 아닙니다. 제 주인이 앞에 있는데 저를 꾸짖는 것은 무슨 까닭 때문입니까?"

초나라 왕이 말했다.

"옳은 말이오. 참으로 선생의 말씀이 맞소. 삼가 사직을 받들어 합종하겠소."

모수가 물었다.

"합종이 결정된 것입니까?"

초나라 왕이 대답했다.

"결정됐소."

그러자 모수는 초나라 왕의 좌우 신하들에게 말했다.

---

1 초나라 선왕의 능묘.

"닭과 개와 말의 피를 가져오시오."[2]

모수는 구리 쟁반을 받쳐 들고 무릎을 꿇은 채 초나라 왕에게 올리면서 말했다.

"왕께서 먼저 피를 마셔 합종을 약속하셔야 합니다. 다음 차례는 제 주인이고, 그다음 차례는 접니다."

이렇게 하여 어전 위에서 합종 약속을 맺었다. 그러자 모수는 왼손으로는 구리 쟁반의 피를 들고 오른손으로는 열아홉 명을 불러 이렇게 말했다.

"그대들은 당 아래에서 서로 이 피를 마시도록 하시오. 그대들은 범속하고 무능하며 남의 힘으로 일을 이루는 자들에 불과합니다."

평원군은 합종을 결정짓고 조나라로 돌아와 말했다.

"나는 다시는 감히 선비를 고르지 않겠다. 내가 지금까지 선비를 고른 수는 많다면 천 명이 되겠고 적어도 백여 명은 될 것이다. 나는 스스로 천하의 선비를 잃은 적이 없다고 생각해 왔다. 그런데 이번 모 선생의 경우에서는 실수했다. 모 선생은 한 번 초나라에 가서 조나라를 구정(九鼎)이나 대려(大呂)[3]보다도 무겁게 만들었다. 모 선생의 세 치

---

2 고대 사람들은 피를 입술에 묻히거나 마셔서 맹세를 했는데 제왕들은 소와 말의 피를 쓰고 제후들은 돼지와 개의 피를 쓰며 대부 이하는 닭의 피를 썼다. 여기서는 맹약을 맺는 자들의 신분에 걸맞은 가축의 피를 논하지 말고 서둘러 맹약할 것을 뜻하는 내용으로 보면 된다.

3 구정은 우임금이 주조한 아홉 개의 거대한 솥이고, 대려는 주나라 왕실 종묘에 있던 큰 종을 말한다. 구정과 대려는 모두 고대에 나라의 권력을 상징하던 가장 귀중한 물건으로, 여기서는 모수가 비중이 큰 인물임을 비유한 표현이다.

혀는 군사 백만 명보다도 강했다. 나는 다시는 감히 선비를 고르지 않겠다."

그러고는 마침내 모수를 상객(上客)으로 삼았다.

● 해설 ●

주머니 속의 송곳을 뜻하는 '낭중지추(囊中之錐)'라는 고사성어의 연원이 되는 이 이야기의 주인공 모수는 수천의 식객 사이에서 눈길을 받지 못하고 세월을 보냈다. 그런 그가 갑자기 자신을 송곳 끝도 아닌 자루라고 말하자 평원군은 아연실색했고 주위의 식객들도 다 비웃었다. 주머니는 평원군이고 자루는 모수요 끝은 다른 식객들의 하찮은 재주를 의미하는 것이니 웃음이 나왔을 법하다. 그런데 모수가 백만 대군이 하지 못할 일을 성사시키고 돌아오니, 평원군도 더는 함부로 선비를 뽑지 못하겠다고 한 것이다. 사람의 능력은 때로 자신도 모르게 펼쳐지는 법이다.

받지 못할 돈을 받는 법

02

맹상군 열전

孟嘗君列傳

일찍이 풍환(馮驩)은 맹상군이 빈객을 좋아한다는 말을 듣고 짚신을 신고 찾아왔다. 맹상군이 말했다.

"선생, 먼 길 오시느라 고생하셨소. 나에게 무엇을 가르쳐 주시겠소?"

풍환이 대답했다.

"당신이 선비를 좋아한다기에 가난한 이 몸을 당신에게 맡기고자 왔습니다."

맹상군은 풍환을 전사(傳舍)[4]에 머물게 했고 열흘 뒤에 전사의 책임자에게 물었다.

"저 손님은 무엇을 하고 있는가?"

---

4 신분이 낮은 손님들을 위해 마련한 숙소.

"풍환 선생은 매우 가난하여 칼 한 자루를 가지고 있을 뿐입니다. 그 칼도 자루를 방울고랭이 풀로 꼰 노끈을 감은 보잘것없는 것입니다. 그 칼을 손으로 두드리면서 '긴 칼아, 돌아가자. 식사에 생선 반찬이 없구나.'라고 노래를 부르고 있습니다."

맹상군은 그를 행사(幸舍)[5]로 옮겨 주었다. 그곳에서는 식사에 생선이 나왔다. 닷새가 지나 또 숙소 책임자에게 물으니 이렇게 대답했다.

"저 손님은 또 칼을 두드리며 '긴 칼아, 돌아가자. 나가려 해도 수레가 없구나.'라고 노래를 불렀습니다."

맹상군이 그를 대사(代舍)[6]로 옮겨 주었다. 그곳에서는 드나들 때 수레를 탈 수 있었다. 닷새가 지난 뒤 맹상군이 다시 숙소 책임자에게 물으니 이렇게 대답했다.

"선생은 여전히 칼을 두드리면서 '긴 칼아, 돌아가자. 집이 없구나.'라고 노래를 불렀습니다."

맹상군은 이 말을 듣고 언짢았다. 일 년이 지나도록 풍환은 아무런 말도 하지 않았다.

맹상군은 그 당시 제나라 재상으로 1만 호의 설읍(薛邑)을 봉지로 받았으나 그 식객이 3000명이나 되어 봉읍(封邑)의 조세 수입만으로는 빈객들을 보살피기에 넉넉지 못했다. 그래서 사람을 시켜 설읍 사람들에게 돈놀이를 했다. 그런데 일 년이 지나도 수입이 없고 돈을 빌려 간

5 중간 계층의 빈객이 드는 숙소.

6 상등의 빈객이 드는 숙소.

자의 대부분이 그 이자조차 내지 못했다. 맹상군은 머지않아 식객을 대접할 돈이 떨어질 형편이었다. 맹상군은 걱정 끝에 주위 사람들에게 물었다.

"누가 설읍에 빌려 준 돈을 거둬들일 수 있겠소?"

숙소 책임자가 이렇게 말했다.

"대사에 머물고 있는 빈객 풍공은 용모도 훌륭하고 말도 잘합니다. 나이는 많지만 별다른 재능은 없으니 그를 보내 빚을 거둬들이도록 하면 좋을 듯싶습니다."

맹상군은 풍환을 불러 이 일을 부탁했다.

"빈객들은 나의 어리석음을 모르고 다행히 몸을 맡긴 분이 3000명이나 됩니다. 봉읍의 조세 수입만으로는 도저히 빈객을 대접할 수 없어서 설읍 사람들에게 이자를 얻으려고 돈을 빌려주었습니다. 그런데 설읍에서는 해마다 조세가 들어오지 않고 있고 백성들 대부분이 이자조차 내지 못하고 있습니다. 이제 빈객들에게 식사마저 접대하지 못하게 될까 걱정입니다. 선생께서 돈을 받아 주십시오."

풍환이 대답했다.

"알겠습니다."

그는 떠난다는 인사를 하고 설읍에 이르러 맹상군에게 돈을 빌린 자들을 불러 모아 이자를 10만 전(錢)이나 거두었다. 이 돈으로 많은 술을 빚고 살찐 소를 사들여서 돈을 빌려 간 자들을 불렀다. 이자를 낼 수 있는 자도 모두 오게 하고 이자를 낼 수 없는 자도 다 오게 했다. 모두들 돈을 빌린 차용 증서를 가져오게 하여 이쪽 것과 맞추어 보고 함께 모일 날을 정했다.

약속한 날이 되자 소를 잡고 술자리를 열었다. 술자리가 한창 무르익자 가지고 온 차용 증서를 전처럼 맞추어 보고 나서 이자를 낼 수 있는 자에게는 원금과 이자를 갚을 날을 정하고, 가난해서 이자를 낼 수 없는 자에게는 그 증서를 받아서 불살라 버리고 이렇게 말했다.

"맹상군께서 여러분에게 돈을 빌려준 까닭은 돈이 없는 백성도 본업에 힘쓰게 하기 위함이었습니다. 또 이자를 요구한 까닭은 빈객들을 접대할 돈이 없기 때문입니다. 지금 부유한 사람에게는 갚을 날을 정해 드리고, 가난한 사람에게는 차용 증서를 불태워 버리도록 했습니다. 여러분은 마음껏 마시고 드십시오. 이런 군주가 있는데 어찌 그 뜻을 저버릴 수 있겠습니까?"

그 자리에 앉아 있던 사람들은 모두 일어나 두 번 절을 했다.

맹상군은 풍환이 차용 증서를 불살라 버렸다는 말을 듣고 화가 치밀어 사자를 보내 풍환을 불러들였다. 풍환이 들어오자 맹상군은 이렇게 말했다.

"나는 빈객이 3000명이나 되기 때문에 설읍 사람들에게 돈을 빌려주었던 것이오. 나는 봉읍이 작아 세금 수입이 적은데 백성들 대부분은 때가 되어도 그 이자를 내지 않고 있소. 그래서 빈객의 식사에 소홀할까 봐 선생에게 그것을 책임지고 거둬들이도록 부탁했소. 그런데 선생은 돈을 받아서 곧바로 많은 양의 쇠고기와 술을 마련하고, 차용 증서를 불살라 버렸다고 들었소. 도대체 어찌 된 일이오?"

풍환이 대답했다.

"그렇게 했습니다. 술과 소를 많이 마련하지 않고는 돈을 빌린 사람을 다 모이게 할 수 없고, 돈이 있는 자와 없는 자를 알 수 없었습니다. 여유 있는 자에게는 갚을 날짜를 정하게 했습니다. 그러나 가난한 자는 차용 증서를 십 년 동안 가지고 있어도 이자만 더욱 쌓여 갈 뿐이라 성급하게 독촉하면 바로 달아날 테니 영원히 받을 수 없게 됩니다. 만일 성급하게 재촉하여 돌려받지 못한다면 위로는 군주가 이익에 눈멀어 백성을 사랑하지 않는 꼴이 되고, 아래로는 백성이 빚을 갚지 않으려 군주를 떠난다는 말을 듣게 될 것입니다. 이렇게 하는 것은 백성들을 격려하고 군주의 이름을 드러내는 일이 아닙니다. 쓸모없는 차용 증서를 불살라 받을 수 없는 빚을 없애, 설읍의 백성이 군주를 가까이하고 군주의 이름을 칭송하게 하려고 한 일입니다. 당신께서는 무엇을 의심하십니까?"

맹상군은 손을 부여잡고 고마워했다.

해설

맹상군의 사람 보는 안목과 그가 끝까지 믿고 기다렸던 풍환이 활약하는 장면이 인상 깊다. 언뜻 보면 맹상군보다는 풍환이라는 인물에 초점이 가 있는 듯하지만 사실상 사마천의 의도는 이런 풍환의 객기를 먼발치에서 바라보며 그가 스스로 나설 때까지 인내하는 맹상군의 모습을 그리는 것이다. 사람에 대한 선입견을 버리고 시야를 넓히면 그 사람 역시 그에 합당한 보답을 하기 마련이다. 맹상군이 식객을 3000명이나 거느린 데는 다 그럴 만한 이유가 있었는데, 남이 보기에 탐탁지 않은 인물도 언젠가는 제 몫을 해낼 값진 인재임을 알아보았던 것이다.

말 타고 천하를 얻었다 하여 말 타고 다스릴 수는 없다

03

역생·육가 열전

酈生陸賈列傳

육생(陸生: 육가)은 황제 앞에 나아가 말할 때마다 《시》와 《서》를 인용했다. 그러자 [한]고조는 육가를 욕하며 말했다.

"나는 말 등에 올라타 천하를 얻었소. 어찌 《시》와 《서》 따위를 우러러보겠소!"

육생이 대답했다.

"말 위에 올라타 천하를 얻었다고 하여 어찌 말 위에 올라타고 천하를 다스릴 수 있겠습니까? 옛날 [은나라] 탕왕과 [주나라] 무왕은 [도(道)를] 거슬러 정권을 얻었지만 [민심에] 순응하여 나라를 지켰으니 문(文)과 무(武)를 함께 쓰는 것이 [나라를] 길이 보존하는 방법입니다. 옛날 오나라 왕 부차와 지백은 무력을 지나치게 쓴 탓에 멸망했고,

진(秦)나라는 형법에만 의존하고 바꾸지 않았기 때문에 결국 조씨(趙氏)[7]가 멸망한 것입니다. 만일 진나라가 천하를 통일한 뒤 인의를 행하고 옛 성인을 본받았다면 폐하께서 어떻게 천하를 차지할 수 있었겠습니까?"

고조는 언짢아하며 부끄러워하는 낯빛으로 육생에게 말했다.

"나를 위하여 진나라가 어떻게 천하를 잃었고, 내가 어떻게 천하를 얻었는지, 또 옛 국가들의 성공과 실패에 대해 글을 지어 올리시오."

그래서 육생은 국가 존망의 징후에 대하여 대략 서술하여 모두 열두 편을 지었다. 그가 한 편 한 편 지어 올릴 때마다 고조는 훌륭하다고 칭찬하지 않은 적이 없었고, 곁에 있던 사람도 모두 만세를 불렀다. 그 책을《신어(新語)》라고 했다.

해설

무(武)가 없는 문(文)은 유약하고 문이 없는 무는 사회를 경직되게 하며 고립을 자초하기 마련이라는 것을 보여 주는 장면이다. 한고조는 무력이 나라를 다질 비책이라고 근시안적으로 생각했지만, 육생은 유학으로 나라의 기초 예법 질서를 확고히 구축해야만 무력이 함께 효과를 낼 수 있다고 간언한 것이다. 진나라가 이십 년도 못 되어 망한 반면 한나라가 사백 년의 반석을 다진 것은 이러한 차이

7 진시황의 선조가 일찍이 조성(趙城)에 봉해져 조씨(趙氏)라고 한 것이므로 여기서는 진(秦)나라를 가리킨다.

때문이다. 법가를 받아들인 진나라에 비해 한나라는 유학을 국가의 기본 이념으로 하면서 수성의 기반을 탄탄히 했다.

재앙의 싹을 미리 잘라야 하는 이유

04

원앙·조조 열전

袁盎晁錯列傳

원앙은 언제나 일반적인 원칙에 근거하여 말했으나 [세상일에] 울분을 토로하기도 했다. 환관 조동(趙同)이 [효문제의] 총애를 받아 언제나 원앙을 해치려 하므로 원앙은 이것을 걱정했다. 원앙의 조카 종(袁種)이 상시기(常侍騎)[8]가 되어 [천자의 권한을 상징하는] 부절을 가지고 황제 곁에서 모셨는데, 그가 원앙에게 설득하며 말했다.

"그와 만나게 되면 조정에서 모욕을 주어 삼촌을 비방하는 말이 받아들여지지 않게 하십시오."

문제가 나들이하는데 조동이 황제의 수레에 함께 타고 있었다. 그때

8 황제를 모시는 기사.

원앙이 수레 앞으로 나아가 엎드려 말했다.

"신이 듣건대 여섯 대 수레에 함께 태우는 사람은 모두 천하의 호걸과 영웅이라고 합니다. 지금 한나라에 인물이 부족하다고는 하나, 폐하께서는 어찌 궁형을 받은 자[환관]와 함께 수레를 타십니까?"

그러자 황제는 미소를 머금고 조동을 내리도록 했다. 조동은 울면서 수레에서 내렸다.

● 해설 ●

원앙은 강직한 성품으로 간언을 일삼던 인물이다. 그의 간언은 황제의 귀에 거슬리는 경우가 많았으며, 정치적으로 그와 대립하는 인물들도 적지 않았다. 당시 황제의 총애를 받던 환관 조동이 원앙을 해치려 하자 원앙은 이에 미리 대비한다. 정적(政敵)을 미리 제거하여 화를 없앤 것이다. 조동은 황제와 여러 차례 수레를 함께 탈 정도로 위세를 부렸으나 결국 원앙의 간언으로 말미암아 한순간에 추락한다. 간언하는 신하가 없으면 황제는 바른길로 가지 못한다. 최고 권력자 곁에는 항상 충신보다 아첨하는 자가 많기 마련이다. 그런 가운데에도 비판과 직언을 마다하지 않는 신하가 있고 그런 말을 받아들이는 황제가 있다는 것은 다행한 일이다.

때를 놓치면 아무 소용이 없다

05

편작·창공 열전

扁鵲倉公列傳

편작이 제나라를 들르자 제나라 환후(桓侯)[9]는 편작을 빈객으로 맞이했다. 편작은 궁궐로 들어가 환후를 뵙고 말했다.

"군왕께서는 살가죽 겉의 작은 결에 병이 있는데, 치료하지 않으면 더욱 깊어질 것입니다."

환후가 말했다.

"과인에게는 질병이 없소."

편작이 물러가자 환후는 곁에 있던 신하들에게 말했다.

---

9 춘추 전국 시대 제나라에는 환후(桓侯)는 없고 환공(桓公)만이 두 사람 있었는데 그들은 강소백(姜小白)과 전오(田午)이다. 여기서는 구체적으로 누구를 가리키는지 알 수 없다.

"의원이란 자들은 이익을 탐하여 병도 없는 사람을 가지고 공을 세우려고 한다."

닷새 뒤에 편작은 또 [환후를] 뵙고 말했다.

"군왕께서는 혈맥에 병이 있습니다. 지금 치료하지 않으면 깊어질까 두렵습니다."

환후가 말했다.

"과인에게는 질병이 없소."

편작이 물러가자 환후는 기분이 언짢았다. 닷새 뒤에 편작은 또 환후를 뵙고 말했다.

"군왕께서는 장과 위 사이에 병이 있습니다. 치료하지 않으면 더 깊어질 것입니다."

환후는 대답을 하지 않았다. 편작이 물러가자 환후는 기분이 좋지 않았다.

닷새 뒤에 편작은 또 환후를 만났는데 멀리서 바라보기만 하고 그냥 물러났다. 환후가 사람을 보내서 그 까닭을 묻자 편작이 말했다.

"병이 살가죽 겉의 작은 결에 있을 때는 탕약과 고약으로 고칠 수 있고, 혈맥에 있을 때는 쇠침과 돌침으로 치료할 수 있으며, 장과 위에 있을 때는 약술로 고칠 수 있습니다. 그러나 병이 골수까지 들어가면 사명(司命)[10]도 어찌할 수 없습니다. 지금은 [병이] 골수까지 들어가 있기 때문에 제가 더는 드릴 말씀이 없는 것입니다."

---

10 인간의 생명을 주관하는 고대 전설 속의 신.

그로부터 닷새 뒤 환후는 몸에 병이 들었으므로 사람을 보내 편작을 불렀지만, 편작은 이미 자리를 피해 떠난 뒤였다. 환후는 결국 죽었다.

● 해설 ●

미연에 방지하라는 말이 있다. 사소한 것이라고 대수롭지 않게 생각하면 자칫 대사를 그르치기 마련이라는 경고를 담은 이야기다. 편작이 환후의 병세를 잘 진단하고 그에 합당한 조처를 취할 것을 요구했지만 환후는 별것 아니라고 여겨 결국 죽음에 이르게 되었다. 사람은 때로 이렇게 미련해서 자신에게 다가오는 죽음의 그림자를 보고도 대비하지 못한다.

격식을 파괴하고 군주의 능력을 시험한 요임금

06

오제 본기

五帝本紀

요(堯: 요임금)가 말했다.

"아, 사악(四岳)[11]이여! 내가 재위한 지 칠십 년이 되었으니, 그대들 중 누가 천명에 순응하여 나의 자리에 오를 수 있겠소?"

사악이 대답하여 말했다.

"저희들은 덕행이 낮아 제왕의 지위를 욕되게 할 것입니다."

요가 말했다.

"고귀한 친족에서 멀리 떨어져 홀로 숨어 사는 자에 이르기까지 모두 천거해 주시오."

그러자 모든 사람이 요에게 말했다.

---

11 사방의 제후들을 나누어 관장하는 우두머리.

“백성들 사이에 아내도 없이 혼자 사는 사람이 있는데, 우순(虞舜)이라고 합니다.”

요가 말했다.

“그런가? 나도 그 사람 얘기를 들었소. 그는 어떠하오?”

사악이 대답했다.

“장님의 아들입니다. 아버지는 완고하고 어머니는 거짓말을 잘하며 동생은 오만한데도 우순은 화목하게 효를 행하고 후덕함으로 다스려 마침내 그들이 간악한 일을 하는 데 이르지 않게 되었습니다.”

그러자 요가 말했다.

“내가 그를 시험해 보겠소.”

요는 두 딸[12]을 그에게 시집보내어[13] 두 딸에게 하는 그의 덕행을 관찰했다.

순은 요의 두 딸을 [자기가 살고 있던] 규예(潙汭)[14]로 내려오게 한 후 부인의 예절을 지키게 했다. 요는 이를 옳다고 여기고는 순에게 오전(五典)[15]을 [백성들에게] 신중하게 펴도록 했더니 백성들이 오전을 잘 따랐다. 곧이어 [순에게] 백관의 일을 총괄하게 하니, 백관의 일들이 질서가 잡혔다. 또 사문(四門)[16]을 맡기자 빈객들을 화목하게 대하여, 제후

---

12 아황(娥皇)과 여영(女英)을 가리킨다.

13 딸 둘을 시집보내 관찰하게 한다는 것은 사실 비윤리적인 문제로 치부될 수 있는데, 요임금은 인성(人性)이 통치에 더 필요함을 강조한 게 아닌가 한다.

14 황하로 흘러들어 가는 규수(潙水)의 물가를 말한다.

15 다섯 가지 가르침이란 의미로, 부자·군신·부부·형제·친구 간의 오륜(五倫)을 뜻한다.

들이나 먼 곳에서 온 손님들이 모두 그를 공경했다. 요는 순에게 산의 숲과 시내와 연못에 들어가게 하여 사나운 바람과 폭풍우를 만나게 했으나 순의 행동은 미혹한 데로 빠지지 않았다. 요는 성스럽다고 생각하여 우순을 불러 말했다.

"그대가 일을 도모하면 면밀히 하고 말을 하면 공적을 이루기 시작한 지 삼 년이 지났다. 이제 그대가 제위에 오르라."

순은 백성들을 기쁘게 하기에 부족하다며 이를 사양했다. 그러나 정월 초하루에 순은 문조(文祖)의 묘당에서 제위를 이어받았다. 문조는 요의 시조이다.

해설

전통적 종법 제도 아래에서 이런 식의 격식 파괴가 존재했다는 사실을 쉽게 믿기 어렵다. 순임금은 자신의 능력을 입증하는 데 성공했고 이 때문에 군주 자리를 물려받은 경우보다 훨씬 더 쉽게 민심을 얻을 수 있었다. 사마천은 "국가의 안위는 임금의 명령에 달렸으며 국가의 존망은 인물을 어떻게 쓰느냐에 달렸다."라고 지적한다.

---

16 천자가 제후의 알현을 받는 자리에 있는 사방 대문에서 손님을 접대하는 일.

황제에게는 어진 마음이 있어야 한다

07

오제 본기
五帝本紀

◉ 제곡(帝嚳) 고신(高辛)은 황제의 증손이다. 고신의 아버지는 교극(橋極)이라 불렸고, 교극의 아버지는 현효(玄囂)라고 불렸으며, 현효의 아버지는 황제라고 불렸다. 현효와 교극은 모두 제위에 오르지 못했고 고신에 와서야 비로소 제위에 올랐다. 고신은 전욱(顓頊)에게는 족자(族子)[17]가 된다.

고신은 태어나면서부터 신기하고 영묘해서 스스로 자기 이름을 말할 정도였다. 널리 베풀어 만물을 이롭게 하면서도 자신은 돌보지 않았다. 귀가 밝아 먼 곳의 일까지 잘 알았고, 눈이 밝아 미세한 일까지 잘 살폈다. 하늘의 뜻을 따랐고 백성의 절실함을 알았다. 어질면서도 위엄이

---

17 사촌의 아들.

있었고, 은혜로우면서도 믿음이 있었으며, 자신을 수양했으나 천하가 복종했다. 땅의 재물을 얻었으나 그것을 아껴 썼고, 백성을 위로하고 가르쳐서 그들을 이롭게 이끌었으며, 해와 달의 운행을 기록하여 보내고 맞이했고, 귀신을 밝혀서 그들을 공손히 섬겼다. 그 용모는 매우 아름다웠고, 그 덕은 정말 고상했다. 그 행동은 때에 들어맞았고 그 의복은 선비의 옷과 같았다. 제곡은 물길 한가운데를 잡아 물을 대듯 다스려 천하에 두루 은덕을 베풀었으므로, 해와 달이 비치는 곳과 비바람이 이르는 곳이면 복종하지 않는 이가 없었다.

해설

오제란 황제, 전욱, 제곡, 요, 순 등 중국 고대의 전설에 나오는 다섯 제왕을 말한다. 사마천의 《사기》는 이 오제의 이야기에서 시작된다. 사마천은 오제가 백성을 다스릴 때 덕을 바탕으로 했음을 강조하면서 자신이 생각하는 정치의 이상적인 모습을 그리고 있다. 여기서는 제곡이 백성들을 다스릴 때 마치 물을 대듯이 평등하게 하면서도 중심을 잘 잡아 차등을 두지 않고 천하의 백성을 다스렸음을 보여 준다. 지도자에게 중요한 것은 능력뿐 아니라 따스한 인간미다. 《삼국지》의 세 주인공 가운데 유비를 보라. 그는 가진 것이 별로 없고 군사에 대해서도 아는 바가 많지 않았지만 다른 사람의 마음을 잘 헤아리고 간언을 잘 받아들여 결국 창업에 성공했다.

판에 박힌 것에 매달리지 말라

08

공자 세가
孔子世家

[공자가] 포(蒲) 땅을 지날 때 마침 공숙씨(公叔氏)가 포 땅에서 반란을 일으켰으므로 포 땅의 사람들이 공자를 가지 못하게 했다. 제자 중에 공양유(公良孺)라는 자가 있어 개인용 수레 다섯 대로 공자를 모셨다.

그는 키가 크고 사람됨이 어질고 용기 있고 힘도 있었는데, 공자에게 말했다.

"제가 옛날에 선생님을 따라 광성(匡城)에서 난을 만났고 오늘 또다시 여기서 난을 만나게 되었으니 운명인 것 같습니다. 제가 선생님과 함께 다시 난에 부딪히려니 차라리 싸우다 죽겠습니다."

싸움이 상당히 격렬했다.

포 땅의 사람들이 두려워서 공자에게 말했다.

"만일 위(衛)나라로 가지 않는다면 그대를 놓아주겠소."

[공자가] 그에게 맹세하자 공자를 동문(東門)으로 내보냈다. 그러나 공자는 끝내 위나라로 갔다.

자공(子貢)이 말했다.

"맹세를 저버릴 수 있습니까?"

공자가 말했다.

"강제된 맹세라면 신(神)도 들어주지 않는다."

● 해설 ●

어리석은 사람은 틀에 얽매이지만 현명한 사람은 자신의 틀을 만들어 가는 법이다. 십사 년간 북중국을 유세하며 다닌 공자는 우리가 알고 있는 성인의 모습만 보인 것이 아니다. 이 장면을 통해 노련한 정객 공자의 모습을 엿볼 수 있다. 공자가 강조하는 '인(仁)'의 문제도 결국은 군자의 기본적 틀을 강조하는 셈이다. 궁하면 변해야 하고, 변하면 통하고, 통해야 존재하며, 존재하면 강해지는 법이다. 세상일이 변화무쌍한데 자신만 변하지 않으면 무슨 소용이 있겠는가?

사냥개와 사냥꾼의 차이

09

소 상국 세가

蕭相國世家

◉ 한나라 5년[한고조 5년], 항우를 죽이고 천하를 평정하자, 공을 논하여 봉토를 주었다. 여러 신하들이 공을 다투었으므로 일 년이 지나도록 공적 문제가 결말이 나지 않았다. 고조는 소하가 가장 공이 크다고 여겨, 그를 찬후(酇侯)로 봉했고 식읍(食邑)도 가장 많이 주었다. 공신들이 모두 말했다.

"신들은 몸에는 갑옷을 입었고, 손에는 예리한 창칼을 잡고서 많은 자는 백 번 넘게 싸움을 했고, 적은 자도 수십 번을 싸웠습니다. 성을 공격하고 땅을 빼앗음에 공로의 크고 작음에 각자 차이를 두어야 합니다. 그런데 지금 소하에게 어찌 땀 흘린 공로가 있다고 할 수 있습니까? 그는 한갓 글과 붓을 잡고 의론(議論)했을 뿐 전쟁도 하지 않았는데 오히려 저희보다 등급이 높으니 어찌 된 까닭입니까?"

고조가 "그대들은 사냥에 대해서 아시오?"라고 물었다.

[군신들이] 대답했다.

"알고 있습니다."

"사냥개에 대해 아시오?"

대답했다.

"알고 있습니다."

고조는 말했다.

"사냥에서 들짐승과 토끼를 쫓아가 죽이는 것은 사냥개지만 개 줄을 풀어 짐승이 있는 곳을 알려 주는 것은 사람이오. 지금 그대들은 한갓 들짐승에게만 달려갈 수 있을 뿐이니 공로는 마치 사냥개와 같소. 소하로 말하면 개의 줄을 놓아 방향을 알려 주니 공로는 사냥꾼과 같소. 더욱이 그대들은 단지 혼자서 나를 따랐고 많아 봤자 두세 명뿐이었소. 지금 소하는 자기 가문의 수십 명을 거느리고 나를 따라 전쟁을 치렀으니, 그의 공은 잊을 수 없소."

여러 신하들은 모두 감히 아무 말도 하지 못했다.

해설

소하는 패현 사람으로 한나라 초기의 대신인데 "성공해도 소하요, 실패해도 소하"(모든 것이 소하의 손에 달렸다)라는 말이 있을 정도의 일등 공신이었다. 소하는 병들어 죽게 되자 자신의 후임으로 사이가 좋지 않던 조참(曹參)을 후임 상국으로 추천했다.

반대파를 끌어들이는 방법

10

유후 세가

留侯世家

◉ 황상[한고조]이 이미 큰 공신 이십여 명을 봉했으나, 나머지 사람들은 밤낮으로 공을 다투므로 결정을 하지 못하여 그들을 봉할 수가 없었다. 황상이 낙양의 남궁(南宮)에 있으면서 멀리서 여러 장수가 종종 모래밭에 모여 앉아 말하는 것을 바라보았다. 황상이 물었다.

"저들은 무엇을 말하고 있는가?"

유후가 말했다.

"폐하께서는 모르십니까? 저들은 모반을 꾀하고 있을 뿐입니다."

황상이 말했다.

"천하가 이제 막 안정되었는데 무슨 까닭으로 모반하려 하는가?"

유후가 말했다.

"폐하께서는 평민으로 일어나 저 무리에게 기대 천하를 얻으셨습니다. 지금은 폐하께서 천자가 되셨고 봉토를 준 자들은 모두 소하나 조참 같은 옛 친구들로 폐하께서 친애하는 자들이고, 주살당한 자들은 모두 평생 동안 원한을 맺고 있던 자들이었습니다. 지금 군대의 관리가 그 공을 따져 보고는 천하를 다 주어도 두루 상으로 봉해 주기에는 부족하다고 하니, 저들은 폐하께서 모두를 봉해 주지 않으실까 두렵고 또 평생 동안 과실을 저질러 의심받아 주살될까 두려워 서로 모여 모반하려는 것입니다."

황상이 걱정되어 말했다.

"그것을 어찌하면 되겠소?"

유후가 말했다,

"황상께서 평생 동안 미워하시는 자로 여러 신하들도 다 아는 사람 중에서 누가 가장 심합니까?"

황상이 대답했다.

"옹치(雍齒)는 나와 오랜 원한이 있으니, 그는 일찍이 자주 욕되게 하여 내가 그를 죽이려고 했으나 그의 공이 많기에 차마 그렇게 하지 못하고 있소."

유후가 말했다.

"지금 시급히 먼저 옹치를 봉하여 여러 신하들에게 보여 주십시오. 여러 신하들은 옹치가 봉해지는 것을 보고, 사람들마다 자신들도 봉해지리라 굳게 믿고 의심하지 않게 될 것입니다."

이에 황상은 술자리를 마련하고 옹치를 봉하여 십방후(什方侯)로 삼고, 급히 승상과 어사(御史)를 재촉하여 그의 공을 정하고 봉상을 진행했다. 여러 신하들은 술자리가 끝나자 모두 기뻐하며 말했다.

"옹치가 오히려 후(侯)가 되었으니 우리도 근심할 게 없다."

해설

창업하고 난 뒤 맨 먼저 해야 하는 일이 공적의 크고 작음을 논의하여 그에 알맞은 상을 주는 것이다. 공신들 가운데는 공을 많이 세운 자도 있고 적게 세운 자도 있다. 하지만 우선은 종친들이 공을 차지하고 창업한 황제와 성이 다른 자들은 배제되거나 심지어 목숨을 잃기도 한다. 함께 말을 타면서 천하를 평정할 때에는 떠오르지 않던 불만이 다 평정하고 나서는 수면 위로 떠오르는 법이다. 고조는 이러한 혼란과 불안을 해결하고자 자신이 미워하는 자를 먼저 후에 봉하여 본보기로 삼음으로써 싹트는 불만과 불안을 잠재웠다. 물론 그 계책은 장량(유후)에게서 나왔다. 한 고조의 전략적 선택은 미래를 위한 대비였다.

낳아 준 이는 부모지만 알아준 이는 포숙이다

11

관·안 열전

管晏列傳

관중(管仲) 이오(夷吾)는 영수(潁水) 근처 사람이다. 젊을 때 늘 포숙아(鮑叔牙)와 사귀었는데, 포숙은 그의 현명함을 알아주었다. 관중은 빈곤하여 언제나 포숙을 속였지만 포숙은 끝까지 그를 잘 대해 주었으며 속인 일을 따지지 않았다.

시간이 지난 뒤 포숙은 제(齊)나라 공자(公子)[18] 소백(小白)을 섬기고 관중은 공자 규(糾)를 섬겼다. 소백이 왕위에 올라 환공(桓公)이 되었고 규는 싸움에서 져서 죽었다. 관중은 옥에 갇히는 몸이 되었으나 포숙은 [환공에게] 관중을 추천했다. 관중이 등용되고 제나라에서 정치를 맡게 되자 제나라 환공은 천하의 우두머리가 되어 제후들을 아홉 차례나

18 제후의 아들을 일컫는다.

모아 천하를 바르게 이끌었다. 모두 관중의 지모에 따른 것이었다.

관중은 말했다.

"내가 가난하게 살았을 때 포숙과 장사를 한 적이 있었는데 이익을 나눌 때마다 내가 더 많은 몫을 차지하곤 했지만, 포숙이 나를 욕심쟁이라고 말하지 않았던 것은 내가 가난한 것을 알았기 때문이다. 내가 일찍이 포숙을 대신해 어떤 일을 도모하다가 그를 더욱 어렵게 만들었지만 포숙이 나를 어리석다고 하지 않았던 것은 유리할 때와 불리할 때가 있음을 알았기 때문이다. 내가 일찍이 세 번이나 벼슬길에 나갔다가 세 번 다 군주에게 내쫓겼지만 포숙이 나를 모자란 사람이라고 여기지 않았던 것은 내가 때를 만나지 못한 것을 알았기 때문이다. 내가 일찍이 세 번 싸움에 나갔다가 세 번 모두 달아났지만 포숙이 나를 겁쟁이라고 하지 않았던 것은 내가 늙은 어머니를 모시고 있다는 사실을 알았기 때문이다. 공자 규가 [임금 자리를 놓고 벌인 싸움에서] 졌을 때, [나와 함께 곁에서 규를 도운] 소홀(召忽)은 스스로 목숨을 끊었고 나는 붙잡혀 굴욕스러운 몸이 되었으나 포숙이 나를 부끄러움도 모르는 사람이라고 여기지 않았던 것은 내가 자그마한 절개를 부끄러워하지 않고 천하에 이름 날리지 못하는 것을 부끄러워함을 알았기 때문이다. 나를 낳아 준 이는 부모지만 나를 알아준 이는 포자(鮑子: 포숙)이다."

포숙은 관중을 추천하고 자신은 그의 아랫자리에 있었다. [포숙의] 자손들은 대대로 제나라의 봉록을 받으며 봉읍지를 십여 대 동안 가졌으며, 늘 이름 있는 대부가 되었다. 세상 사람들은 관중의 현명함을 칭송하기보다는 사람을 알아보는 눈을 가진 포숙을 더 찬미했다.

● 해설 ●

관중은 모든 사람이 이익에 따라 움직이는 세태에서도 자신을 이해해 준 친구 포숙을 부모 못지않게 평가하며 인생의 가장 든든한 버팀목임을 인정했다. 포숙은 관중을 추천하고 자신은 그의 아랫자리에 있으면서 늘 그림자처럼 친구를 보좌했다. 출신이 보잘것없던 관중이 재능을 펼치고 제나라의 뛰어난 재상이 된 것은 전적으로 포숙의 추천 덕분이다. 친구의 이해와 헌신이 그를 있게 한 것이다. 친구의 가능성을 볼 줄 알았던 포숙의 남다른 안목을 짐작하게 하는 대목이다. 흥미로운 점은 훗날 관중이 세상을 떠나면서 자신의 후임으로 추천한 인물은 포숙이 아니라 자신과 정치적 경쟁자였던 습붕(隰朋)이었다는 사실이다.

쥐 두 마리를 보고 인생의 지혜를 얻다

12

이사 열전

李斯列傳

◉ 이사는 초나라 상채(上蔡) 사람이다. 그는 젊을 때 군에서 지위가 낮은 관리로 있었는데, 관청 변소의 쥐들이 더러운 것을 먹다가 사람이나 개가 가까이 가면 자주 놀라서 무서워하는 꼴을 보았다. 그러나 이사가 창고 안으로 들어가니 여기에 있는 쥐들은 쌓아 놓은 곡식을 먹으며 큰 집에 살아서 사람이나 개를 안중에도 두지 않았다. 그래서 이사는 탄식하며 말했다.

"사람이 어질다거나 못났다고 하는 것은 비유하자면 이런 쥐와 같아서 자신이 처한 환경에 달렸을 뿐이구나."

그러고는 순경(荀卿: 순자)에게로 가 천하를 다스리는 제왕의 기술을 배웠다. 그는 공부를 끝마치자 초나라 왕은 섬길 만한 인물이 못 되고 여섯 나라는 모두 약소해, 섬겨서 공을 세울 만한 나라가 될 수 없다고 판단하여 서쪽 진(秦)나라로 들어가기로 했다. 그는 순경에게 이렇게 작별 인사를 했다.

“저는 때를 얻으면 게으르지 말라는 말을 들었습니다. 지금은 만승의 제후들이 바야흐로 서로 세력을 다투고 있는 때이므로 유세가들이 정치를 도맡고 있습니다. 또 진나라 왕은 천하를 집어삼키고 제(帝)라고 일컬으며 다스리려 합니다. 이는 지위나 관직이 없는 선비가 능력을 펼칠 때이며 유세가의 시대가 온 것입니다. 비천한 자리에 있으면서 아무런 계획도 세우지 않는 것은 짐승이 고기를 보고도 사람들이 자기를 쳐다본다 하여 억지로 참고 지나가는 것과 같습니다. 그러므로 가장 큰 부끄러움은 낮은 자리에 있는 것이며, 가장 큰 슬픔은 경제적으로 궁핍한 것입니다. 오랜 세월 낮은 자리와 곤궁한 처지에 있으면서 세상의 부귀를 비난하고 영리를 미워하며 스스로 아무것도 하지 않는 데 의탁하는 것은 선비의 마음이 아닐 듯합니다. 그래서 저는 서쪽 진나라 왕에게 유세하려고 합니다.”

이사가 진나라에 이르렀을 때 마침 장양왕(莊襄王)이 죽었으므로 곧 진나라 승상 문신후 여불위를 찾아가 그의 사인이 되었다. 여불위는 이사를 현명한 인물로 생각하여 왕의 시위관(侍衛官)으로 임명했다. 이사는 진나라 왕에게 유세할 기회를 얻어 이렇게 설득했다.

“어수룩한 사람은 기회를 놓치지만 큰 공을 이루는 사람은 남의 약점을 파고들어 밀고 나갑니다. 옛날에 진나라 목공(穆公)이 우두머리가 되고서도 동쪽에 있는 여섯 나라를 끝까지 함락시키지 못한 것은 무엇 때문입니까? 그것은 제후 수가 너무 많은 데다 주나라 왕실의 은덕이 여전히 쇠퇴하지 않았기 때문에 오패(五覇)[19]가 차례로 일어나 번갈아 가며 주나라 왕실을 더욱 존중했기 때문입니다. 그러나 진나라 효공[20] 이래 주나라 왕실이 쇠약해져서 제후들이 힘을 합쳐 관동은 여섯 나라[21]로 줄어들었습니다. 진나라가 상승세를 타고 제후들을 눌러 온 지 벌써 여섯 대(六世)[22]가 되었습니다. 제후들이 진나라에 복종하여 마치 진나라의 군이나 현과 같습니다. 무릇 진나라의 강대함에 대왕의 현명함이라면 취사부가 솥단지 위에 앉은 먼지를 훔치듯 손쉽게 제후를 멸망시키고, 황제로서의 대업을 이루어 천하를 통일하기에 충분합니다. 이것은 만 년에 한 번 있는 기회입니다. 지금 게으름을 피우고 서둘러 이루지 않으면 제후들이 다시 강대해져서 서로 모여 합종하기로 약속할 테고, 그렇게 되면 황제(黃帝) 같은 현명한 왕이 있을지라도 천하를 손에 넣을 수 없을 것입니다."

진나라 왕은 이사를 장사(長史)[23]로 삼고, 그의 계책을 듣고 은밀히 모사들에게 황금과 주옥을 가지고 가서 제후들에게 유세하도록 했다. 제후국의 명망 있는 사람들 중에서 뇌물로 움직일 수 있는 자에게는 많

---

19 춘추 시대 제후 가운데 패업을 이룬 다섯 사람 곧 제나라 환공, 진(晉)나라 무공, 진(秦)나라 목공, 송나라 양공, 초나라 장왕을 가리킨다. 목공과 양공 대신에 오나라 부차와 월나라 구천을 이르기도 한다.

20 효공은 상앙을 등용하여 기존의 정치를 개혁하고 중농 정책을 권장하여 나라를 부유하고 튼튼하게 만들었다.

21 한·조·위·제·초·연을 말한다.

22 효공·혜문왕·무왕·소왕·효문왕·장양왕을 말한다.

23 궁궐의 일을 총괄하는 우두머리 관리.

은 선물을 보내 결탁하고, 말을 듣지 않는 자는 예리한 칼로 찔러 죽였으며, 또 군주와 신하 사이를 이간하는 계략을 썼다. 진왕은 훌륭한 장수를 보내 그 뒤를 수행하게 했다. 진왕은 이사를 객경(客卿)[24]으로 삼았다.

해설

똑같은 사물을 봐도 대다수 사람들은 그냥 지나칠 뿐 큰 의미를 부여하지 않는다. 그런 점에서 하찮은 동물로부터 인간 사회의 이치를 읽어 내는 이사의 예리한 안목이 돋보이는 장면이다. 하급 관리에 머물러 있던 이사는 자신의 고국 초나라를 떠나 전통과 문화가 전혀 다른 신흥 강국 진나라로 들어간다. 이사는 이러한 결단력으로 자신을 축출하려는 진나라 토착 세력의 반대를 잠재우고 개혁을 단행해 통일을 앞당긴다.

24 다른 나라 출신으로 공경의 높은 지위에 오른 사람.

인물을 알아보는 안목을 갖춘 소하

13

회음후 열전
淮陰侯列傳

한신은 소하와 자주 이야기를 나누었는데, 소하는 한신이 뛰어난 인물임을 알아보았다. 한왕[한나라 왕]이 [한중 땅을 영토로 받아 수도인] 남정(南鄭)에 이르렀는데, 그곳으로 가는 도중에 도망친 장수가 수십 명이나 되었다. 한신도 소하 등이 여러 번 추천했지만 주상이 자신을 등용하지 않는다고 생각하고 달아났다. 소하는 한신이 달아났다는 말을 듣고는 한왕에게 말할 겨를도 없이 직접 그를 뒤쫓았다. 어떤 사람이 한왕에게 말했다.

"승상 소하가 달아났습니다."

한나라 왕이 몹시 화를 내며 양손을 잃은 것처럼 실망했다. 며칠 뒤에 소하가 돌아와 한왕을 알현하자, 한왕은 노여움과 기쁨이 뒤섞여 소하를 꾸짖었다.

"그대는 어째서 도망쳤소?"

소하가 대답했다.

"제가 도망친 것이 아니라 도망친 자를 뒤쫓아 갔던 것입니다."

한왕이 물었다.

"그대가 뒤쫓은 자가 누군가?"

"한신입니다."

한왕은 다시 꾸짖었다.

"장수들 가운데 도망친 자가 수십 명이나 되는데도 그대는 쫓아간 적이 없소. 한신을 뒤쫓았다는 것은 거짓말이오."

소하가 말했다.

"다른 장수들은 쉽게 얻을 수 있습니다. 그러나 이 나라에서 한신에 견줄 만한 인물은 둘도 없습니다. 왕께서 계속 한중의 왕으로 만족하신다면 한신을 문제 삼을 필요는 없습니다만, 반드시 천하를 놓고 다투려 하신다면 한신이 아니고는 함께 일을 꾀할 사람이 없습니다. 왕의 생각이 어느 쪽에 있는가에 달린 문제일 뿐입니다."

한왕이 말했다.

"나 역시 동쪽으로 나아가 천하를 다투고자 하는데, 어찌 답답하게 이런 곳에 오래 있겠소?"

소하가 말했다.

"왕의 계책이 반드시 동쪽으로 나아가고자 한다면 한신을 등용하십시오. 그러면 한신은 머무를 것입니다. 한신을 등용하지 않으면 그는 결국 떠나갈 것입니다."

한왕이 말했다.

"내 그대를 보아 장수로 삼겠소."

소하가 말했다.

"장수로 삼을지라도 한신은 머무르지 않을 것입니다."

한왕이 말했다.

"그러면 대장으로 삼겠소."

소하가 말했다.

"참으로 다행스러운 일입니다."

그래서 한왕이 한신을 불러서 대장으로 삼으려 했다. 그러자 소하는 이렇게 말했다.

"왕께서는 본래 오만하여 예를 차리지 않으십니다. 지금 대장을 임명하는데 어린아이 부르듯 하시니, 이것이 바로 한신을 떠나게 한 까닭입니다. 왕께서 그를 반드시 대장으로 삼고자 하신다면 좋은 날을 택하여 재계하고 단장(壇場)[25]을 설치하여 예를 갖추어야 가능합니다."

한왕은 그렇게 하겠다고 했다. 여러 장수가 모두 기뻐하며 저마다 자신이 대장이 될 줄로 생각했다. 그러나 막상 한신이 대장으로 임명되자 군대가 모두 놀랐다.

---

25 장수를 임명하는 곳.

해설

한신은 주군에게 인정받지 못하자 방황하다가 결국 탈출을 감행한다. 그런 한신을 뒤쫓아 간 소하와 소하를 꾸짖는 한고조 유방 사이에는 보이지 않는 시각 차이가 존재한다. 유방과 한신을 이어 주는 소하가 빛을 발하는 이유는 누구든지 자신을 알아주는 사람을 만나야 성공할 수 있다는 진리를 말해 주기 때문이다. 한신의 역량을 알아본 소하의 안목은 소하를 절대적으로 지지한 유방 덕분에 더욱 빛날 수 있었다. 한신은 대장이 되고 나서 자신을 믿어 준 소하의 안목에 보답이라도 하듯 한나라 개국의 3대 공신이 된다.

패장을 내 편으로 만드는 법

14

회음후 열전

淮陰侯列傳

◉ 한신이 광무군(廣武君)[26]에게 물었다.

"저는 북쪽으로 연나라를 치고 동쪽으로 제나라를 치려고 하는데, 어떻게 하면 공을 세우겠습니까?"

광무군이 사양하며 말했다.

"제가 듣건대 '싸움에서 진 장수는 무용을 말할 수 없고 멸망한 나라의 대부는 나라를 존속시키는 일을 말할 수 없다.'라고 합니다. 지금 저는 싸움에서 지고 멸망한 나라의 포로에 불과한데 어떻게 그러한 큰일

---

26 조(趙)나라의 군사이자 지략가로, 포로로 잡혀 와 한신의 참모가 된 이좌거(李左車)를 가리킨다.

을 꾀할 수 있겠습니까?"

그러자 한신이 말했다.

"제가 들은 바로는 [현인] 백리해(百里奚)가 우(虞)나라에 살 때는 우나라가 망했으나 진(秦)나라에 있자 진나라 제후들의 우두머리가 되었다고 합니다. 백리해가 우나라에 있을 때는 어리석은 사람이었다가 진나라에 있을 때는 지혜로운 사람이 된 것이 아닙니다. [군주가] 그를 등용했는지 등용하지 않았는지, 또 그의 말을 받아들였는지 받아들이지 않았는지에 달렸을 뿐입니다. 만일 성안군(成安君)이 당신의 계책을 들었더라면 나 같은 사람은 이미 포로가 되었을 것입니다. 성안군이 당신을 쓰지 않았기 때문에 내가 당신을 모실 수 있게 되었을 뿐입니다."

이어 굳게 부탁했다.

"마음을 다하여 당신의 계책을 따르겠으니 부디 사양하지 마십시오."

광무군이 대답했다.

"제가 듣건대 '지혜로운 사람도 천 번 생각하면 한 번의 실수가 있고 어리석은 사람도 천 번 생각하면 한 번은 얻는 경우가 있다.'라고 합니다. 그래서 '성인은 미친 사람의 말도 가려서 듣는다.'라고 했습니다. 제 계책이 반드시 쓸 만하지는 않을지라도 성의를 다하겠습니다. 저 성안군은 백 번 싸워 백 번 이길 계책이 있었는데, 하루아침에 실수하여 군사는 호(鄗)의 성 밑에서 깨지고 자신은 지수 가에서 죽고 말았습니다.

지금 장군께서는 서하(西河)를 건너 위왕[표(豹)]을 사로잡고 하열(夏說)을 연여(連與)에서 사로잡았으며 단번에 정형(井陘)에서 내려와 하루아침에 조나라의 대군 20만 명을 깨뜨리고 성안군을 죽였습니다. 따라서 그 이름은 나라 안에 알려지고 그 위세가 천하를 뒤흔들었습니다. 농부들은 한결같이 나라의 앞날이 얼마 남지 않았다고 여겨 농사를 멈추고 쟁기를 내던진 채 아름다운 옷에 맛난 음식을 먹으면서 장군의 명령에 귀를 기울여 기다리지 않는 이가 없습니다. 이와 같으니 장군에게 이롭습니다. 그러나 장군의 사졸들은 지칠 대로 지쳐서 다루기가 어렵습니다.

그런데 지금 장군께서 지친 사졸을 몰아 갑자기 수비가 튼튼한 연나라 성 밑으로 쳐들어가려고 하십니다. 싸운다 하더라도 아마도 싸움이 오랫동안 지속되어 힘으로는 성을 뺏을 수 없을 것이고, 이쪽의 지친 실정을 드러내고 기세가 꺾인 채로 시일만 끌다 보면 군량미마저 바닥날 것입니다. 그리고 약한 연나라조차 항복하지 않는다면, 제나라는 반드시 국경의 방비를 갖추고 스스로 강화시켜 나가려고 할 것입니다. 연나라와 제나라가 서로 버티며 항복하지 않는다면, 유방과 항우의 싸움은 어느 쪽이 이기고 어느 쪽이 질지 분명해지지 않을 것입니다. 이러한 상태는 장군에게 불리한 것입니다. 제 어리석은 생각으로는 연나라와 제나라를 치는 것은 잘못된 계책입니다. 군사를 잘 쓰는 사람은 이쪽의 단점을 가지고 적의 장점을 치지 않고, 이쪽의 장점을 가지고 적의 단점을 칩니다."

한신이 물었다.

"그러면 어떠한 계책을 써야 하겠습니까?"

광무군이 대답했다.

"지금 장군을 위한 계책으로는 싸움을 멈추어 병사들을 쉬게 하고,

조나라를 어루만져 전쟁으로 부모를 잃은 아이들을 위로하며, 100리 안의 땅에는 쇠고기와 술로 날마다 잔치를 벌여 사대부들을 대접하고, 병사들에게 술을 먹인 뒤에 북쪽 연나라로 향하는 것이 가장 좋은 방법입니다. 그리고 변사(辯士)를 시켜 연나라에 간단한 편지를 가지고 가서 장군의 장점을 알리도록 한다면 연나라는 감히 복종하지 않을 수 없을 것입니다. 연나라가 복종하면 변사에게 동쪽의 제나라로 가서 연나라가 복종했다는 사실을 알리도록 하십시오. 그러면 제나라는 바람에 휩쓸리듯 복종할 것입니다. 지혜로운 이가 있다고 하더라도 제나라를 위해 다른 묘책을 세울 수 없을 것입니다. 이렇게만 된다면 천하의 일은 모두 뜻대로 될 것입니다. 용병(用兵)에 큰소리를 먼저 치고 진짜 싸움은 나중에 한다는 것은 바로 이런 일을 말합니다."

한신이 대답했다.

"좋은 생각이오."

그리고 그의 계책에 따라 사자를 연나라로 보내자, 연나라는 바람에 따라 휩쓸리듯 복종했다.

해설

한신의 간곡한 부탁에 광무군 이좌거는 마침내 계책을 내놓는다. "지혜로운 사람도 천 번 생각하면 한 번의 실수가 있고 어리석은 사람도 천 번 생각하면 한 번은 얻는 경우가 있다."라는 이좌거의 말에는 촌철살인의 묘미가 있다. 즉 우자(愚者)와 현자(賢者)의 차이란 상보적(相補的)이라는 것이다. 말하자면 현자가 판단을 그르칠 때 그 틈을 우자가 메우면 되지 않겠는가? 이 장면에서 주목해야 하는 것은 한신의 처세다. 한신의 겸허함이 이좌거의 마음을 돌렸고 그것이 나중에 한나라의 천하 통일에 큰 힘이 되었으니 말이다.

효를 좇다 불충하다

15

순리 열전

循吏列傳

석사(石奢)는 초나라 소왕(昭王)의 재상이었다. 그는 건실하고 정직하고 청렴하여 아첨하거나 권세를 두려워하는 일이 없었다. 현을 순시하는 도중에 살인 사건을 만나게 되었다. 재상이 범인을 찾아가 보니 바로 자기 아버지였다. 재상은 아버지를 놓아 주고 돌아와 자진해서 옥에 갇힌 뒤, 사람을 시켜 왕에게 이렇게 아뢰도록 했다.

"살인자는 저의 아버지입니다. 아버지를 처형하여 정치를 바로 세우는 것은 불효이고 법을 무시하고 죄를 용서한 것은 불충입니다. 저의 죄는 죽어 마땅합니다."

왕이 말했다.

"범인을 뒤쫓아 갔지만 잡지 못한 것이니 벌을 받는다는 것은 옳지 않소. 그대는 [전과 다름없이] 맡은 일에 힘쓰시오."

석사가 말했다.

"자기 아버지에게 사사로운 정을 두지 않으면 효자가 아니고 군주의 법을 지키고 받들지 않으면 충신이 아닙니다. 왕께서 신의 죄를 용서하시는 것은 임금의 은혜이지만 벌을 받아 죽는 것은 신하로서의 직분입니다."

그러고는 왕의 명령을 듣지 않고 스스로 목을 찔러 죽었다.

해설

부자지간에는 법 이전에 혈연이라는 초월적 힘이 존재한다. 그럼에도 법이란 사사로워서는 안 된다는 냉철한 판단을 한 석사의 처신은 오늘날에도 본받을 만하다. 죄를 정당하게 처벌하면 백성들은 복종하지 않을 수 없는데, 그것을 집행하는 자는 더욱 서릿발 같은 마음을 가지고 있어야 한다.

소신을 지킨 안영

16

제 태공 세가

齊太公世家

[장공(莊公)] 6년, 당초 당공(棠公)[27]의 아내가 예뻤는데, 당공이 죽자 최저(崔杼)가 그녀를 아내로 삼았다. 장공은 그녀와 사통하여 자주 최저의 집에 갔으며, [장공은] 최저의 갓을 다른 사람에게 줄 정도였다.[28]

시종이 [장공에게] 간언했다.

"이래서는 안 됩니다."

[장공은 듣지 않았다.] 최저는 화가 나 장공이 진(晉)나라를 칠 때 진나라와 공모하여 장공을 습격하려고 했으나 틈을 얻지 못하고 있었다.

---

27 제나라 당읍의 대부.

28 이는 예법에 어긋난 행동으로, 장공이 함부로 굴었음을 뜻한다.

장공은 환관 가거(賈擧)에게 태형을 가한 적이 있었는데, 가거는 여전히 장공의 시종으로 있으면서 그 또한 최저를 위해 장공을 해쳐 원한을 갚으려 했다. 5월에 거자(莒子)[29]가 제(齊)나라에 조회하러 왔는데, 제나라 제후가 갑술일(甲戌日)에 연회를 열어 그를 접대했다. 최저는 병을 핑계 삼아 일을 돌보지 않았다. 을해일(乙亥日)에 장공이 최저에게 가서 문병하고는 최저의 아내를 찾았다. 최저의 아내는 안방으로 들어가 최저와 함께 안에서 문을 걸어 잠그고 밖으로 나오지 않았다. 장공은 기둥을 안고 노래했다. 환관 가거가 장공을 수행하는 관원들을 대문 밖에서 막고 들어와 대문을 잠그니 최저의 부하들이 무기를 들고 안에서 나왔다. 장공이 대(臺) 위로 올라가 포위를 풀 것을 요청했으나 그들은 들어주지 않았다. 천지신명에도 맹세할 것을 청했으나 받아 주지 않았다. 이에 종묘에서 자살하겠다고 청했으나 들어주지 않았다.

모두가 말했다.

"임금의 신하 최저는 병이 들어 명령을 들을 수 없습니다. 게다가 [그의 집은] 임금의 궁전과 가까워 최저의 신하인 저희들은 앞다투어 음란한 자를 붙잡을 뿐이고, 두 가지는 모릅니다."

장공이 담을 넘으려고 하자 화살이 허벅지에 꽂혔다. 장공이 거꾸로 떨어져 내려오자 죽여 버렸다. 안영이 최저의 집 문밖에서 말했다.

"임금이 사직을 위해서 죽으면 신하도 죽어야 하고, 임금이 사직을 위해서 달아나면 신하도 달아나야 한다. 만약 왕이 자신의 문제로 죽거

---

29 거(莒)나라의 자작(子爵).

나 달아난 것이라면, 그의 총애받는 신하가 아니고선[30] 누가 감히 책임을 감당하겠는가!"

문이 열리자 안영은 들어가서 장공의 시신을 베개 삼아 곡(哭)을 한 다음 예에 따라 세 번 뛰더니[31] 밖으로 나왔다.

사람들이 최저에게 말했다.

"반드시 죽여야 합니다."

최저가 말했다.

"백성들이 받드는 자이니, 그를 내버려 두면 민심을 얻을 수 있다."

해설

왕에게 간언할 때는 왕의 얼굴빛에 구애받지 않고 소신을 보였던 안자, 즉 안영은 아무도 애도하지 않는 왕의 죽음 앞에서 신하된 도리를 다했다. 죽음을 각오하고 군신 간의 의리를 지킨 것이다. 안영은 제나라의 영공 · 장공 · 경공 등 3대에 걸쳐 재상을 지내면서 제나라를 중흥시켜 제후들 사이에 이름을 떨쳤다. 50년 동안 집정하면서 안영은 자기 관리에 철저했는데 그 핵심은 "나아가서 충성하고 물러나서 허물을 보충한다."라는 말로 요약된다. 안자의 삶을 존경한 사마천은 글의 말미에 "그[안자]를 위해 채찍을 든 마부가 되어도 좋다."라고 하면서 자신을 낮춘 공자의 평을 덧붙였다.

30 이 당시 안영은 장공의 총신이 아니었으므로 이런 식의 말을 했다.

31 고대 예법에 따라 지극한 애통함을 표출한 것이다.

제6부

배려와 관용으로 아군을 만들어라

부하의 종기를 빨아 준 오기

01

손자·오기 열전

孫子吳起列傳

오기(吳起)는 장수가 되자 신분이 가장 낮은 병사들과 똑같이 옷을 입고 밥을 먹었다. 누울 때에도 자리를 깔지 못하게 하고 행군할 때도 말이나 수레를 타지 않고 식량은 직접 가지고 다니면서 병사들과 함께 수고로움을 나누었다.

한번은 종기가 난 병사가 있었는데 오기는 그 병사를 위해 고름을 빨아 주었다. 병사의 어머니가 그 소식을 듣고는 소리 내어 울었다. 어떤 사람이 그 까닭을 물었다.

"당신의 아들은 졸병인데도 장군께서 직접 고름을 빨아 주셨는데 어찌하여 슬피 소리 내어 우시오?"

[병사의] 어머니는 대답했다.

"그렇지 않습니다. 예전에 오공(吳公: 오기)께서 우리 애 아버지의 종기를 빨아 준 적이 있는데 그 사람은 자기 몸을 돌보지 않고 용감히 싸우다가 적진에서 죽고 말았습니다. 오공이 지금 또 제 자식의 종기를 빨아 주었으니 소첩은 이 아이가 [어느 때 어디서] 죽게 될지 모릅니다. 이 때문에 소리 내어 우는 것입니다."

● 해설 ●

오기는 인간에 대한 깊은 통찰과 안목을 바탕으로 용병의 방법을 제시하여 인정받고 있지만 그보다 더 높이 평가할 만한 것은 부하를 사랑하는 그의 마음이다. 그는 공자의 제자인 증자에게 배웠고 노나라에서 장군에 임명되었으며 제나라와 싸워 크게 이겼으나 그다지 인정받지 못하다가 위(魏)나라에서 중용되었다. 그는 일흔여섯 번 싸워 예순네 번 완승을 거둘 정도로 뛰어났는데 그런 그를 지탱한 힘은 병사들이었다. 그러나 오기는 노나라와 적대적인 제나라 출신이었고 장수가 되기 위해 노나라 출신 아내를 죽인 각박한 사람이기도 했다. 그는 병사들과 고락을 함께하면서 장수의 반열에 올랐지만 결국 행실이 각박하고 잔혹한 탓에 목숨을 잃게 된다. 사마천은 "오기는 탐욕스럽고 여색을 밝히지만 병사를 다루는 일만큼은 사마양저(司馬穰苴)도 따라갈 수 없을 정도입니다."라는 이극(李克)의 평을 함께 실었다.

거문고 연주로 여인을 사로잡다

02

사마상여 열전

司馬相如列傳

마침 양나라 효왕(孝王)이 죽었기 때문에 사마상여(司馬相如)는 [고향으로] 돌아왔으나 집안이 가난하고 스스로 직업으로 삼을 만한 일거리도 없었다. 그는 평소 임공(臨邛)의 현령 왕길(王吉)과 사이가 좋았는데, 왕길이 말했다.

"장경(長卿)[1] 그대는 벼슬을 구하기 위하여 오래도록 밖에 나가 있었는데도 뜻을 이루지 못했으니 나에게 와서 지내시오."

그래서 사마상여는 그를 찾아가 도정(都亭)[2]에 머물렀다. 임공의 현

---

1 사마상여는 성도(成都) 출신이며, 장경은 그의 자(字)다. 사마상여의 재능은 정치 무대가 아니라 문학 방면에서 큰 빛을 드러냈다.

2 한나라 때는 10리마다 정(亭)을 하나씩 정하고, 책임자로 정장(亭長)을 두어 치안을 담당하게 했다. 성안에 설치된 것은 도정이라 하고 성문에 설치된 것은 문정(門亭)이라 한다.

령은 사마상여를 공경하는 척하며 날마다 문안을 했다. 사마상여는 처음에는 그를 만났으나 나중에는 병을 핑계로 심부름하는 아이를 시켜 왕길을 만나지 않겠다고 거절했다. 그렇지만 왕길은 더욱더 삼가며 사마상여를 공경했다. 그 당시 임공현에는 부호들이 많았는데, [그중에서도] 탁왕손(卓王孫)이라는 자에게는 노복이 800명이나 되었고 정정(程鄭)이라는 자에게도 [노복이] 수백 명이나 되었다. 이 두 사람은 서로 이렇게 말했다.

"지금 현령에게 아주 귀한 손님이 와 있다고 하니 연회를 열어 함께 초대합시다."

그들은 현령도 함께 초대했다. 현령이 도착했을 때 탁씨의 빈객은 백 명을 헤아렸다. 정오쯤 되어 사마상여를 초대했는데 그는 병 때문에 갈 수 없다며 공손히 거절했다. 그러자 임공의 현령은 음식에 손도 대지 않고 몸소 사마상여를 맞으러 나갔다. 사마상여는 하는 수 없이 따라나섰다. 그 연회에 모였던 사람들은 한결같이 사마상여의 풍채를 보고 흠모해 마지않았다. 연회가 한창 무르익었을 때, 임공의 현령이 앞으로 나가 거문고를 주며 말했다.

"제가 들으니 장경께서는 거문고 솜씨가 뛰어나다고 하던데 직접 즐기시길 바랍니다."

사마상여는 극구 사양하다가 그를 위하여 한두 곡 연주했다. 이때 탁왕손에게 과부가 된 지 얼마 안 되는 문군(文君)이라는 딸이 있었는데 음악을 좋아했다. 그래서 사마상여는 현령과 서로 매우 존중하는 체하고 거문고에 의지하여 그녀의 마음을 사로잡으려 했던 것이다. 사마상여가 임공으로 갈 때 거마를 뒤따르게 했는데, 그 행동이 조용하고 의젓하며 아름답고 품위가 있었다. 사마상여가 탁씨 집에서 술을 마시며 거문고를 탈 때 문군은 문틈으로 그를 엿보고 마음이 끌려 좋아하게 되었으며 그와 짝이 될 수 없을까 봐 염려했다. 연회가 끝나자 사마상여는 사람을 시켜서 문군의 시종에게 후한 선물을 주어 자신의 마음을 은근히 전했다. 그러자 문군은 그날 밤 상여에게로 도망쳐 나왔다. 사마상여는 곧바로 그녀와 함께 성도로 달려 돌아왔다. 그의 집은 네 벽만이 서 있을 뿐이었다.

탁왕손은 몹시 화가 나서 말했다.

"딸은 아주 쓸모가 없다. 나는 차마 죽이지는 못하지만 재산을 한 푼도 나눠 주지 않겠다."

사람들 중에는 탁왕손의 마음을 돌려 보려는 자도 있었지만 그는 끝내 듣지 않았다. 문군은 그러한 생활이 오랫동안 지속되자 견디지 못하여 말했다.

"장경, 함께 임공으로 가서 형제들에게 돈을 빌리면 생계를 꾸려 나갈 수는 있을 것입니다. 무엇 때문에 이렇게까지 스스로 고생해야 합니까?"

사마상여는 문군과 함께 임공으로 가서 말과 수레를 모두 팔아 술집 하나를 사들여 술장사를 했다. 문군은 노(鑪)[3]에 앉아 술을 팔았고, 상여 자신은 독비곤(犢鼻褌)[4]을 입고 머슴들과 함께 허드렛일을 하고 저잣거

---

3 흙을 쌓아 올려 술을 담을 수 있는 화로.

4 여름에 농부가 일할 때 입는 잠방이.

리에서 술잔을 닦았다. 탁왕손은 이 소문을 듣고 부끄러워 문을 닫아걸고 나가지 않았다. 형제들과 장자들이 번갈아 가며 탁왕손에게 말했다.

"낭신에게는 아들 하나와 딸 둘이 있고 재산은 부족하지 않습니다. 지금 문군은 사마 장경에게 몸을 맡겼고, 장경은 오래도록 떠돌아다녀 가난하긴 하지만 그 사람됨과 재능만은 의지하기에 충분합니다. 또 그는 현령의 빈객입니다. 어찌하여 이처럼 그를 치욕스럽게 하십니까?"

결국 탁왕손은 어쩔 수 없이 문군에게 노복 100명과 100만 전(錢)과 시집갈 때 준비했던 옷, 이불, 재물 등을 나눠 주었다. 문군은 이에 사마상여와 성도로 돌아가 밭과 집을 사서 부자가 되었다.

● 해설 ●

사마상여는 탁왕손의 딸 문군을 유혹하려고 거문고를 타 그녀의 마음을 사로잡고 함께 달아나 산다. 그 후 사마상여는 자신을 내켜 하지 않는 탁왕손의 반대에도 아랑곳하지 않고 술장사를 시작하여 결국 장인의 마음을 돌리게 된다. 사마상여가 이런 식으로 문군에게 접근한 것이 순수한 사랑 때문인지 아니면 탁왕손의 재산을 노리고 그런 것인지는 충분히 논쟁이 가능할 듯하다. 결국 탁왕손도 사마상여의 든든한 아군이 되었기 때문이다.

백성들에게 안식처를 준 자산

03

순리 열전
循吏列傳

자산(子産)은 정(鄭)나라 대부 중 한 사람이다. 정나라 소군(昭君) 때 총애하던 서지(徐贄)를 재상으로 삼았으나 나라가 어지러워져 윗사람과 아랫사람이 친하지 못하고 아버지와 아들이 화합하지 못했다. 대궁자기(大宮子期)가 이 사실을 소군에게 보고하니 자산을 재상으로 삼았다. 자산이 재상이 된 지 일 년이 지나자 소인배들의 경박한 놀이가 없어지고 반백의 늙은이들은 무거운 짐을 나르지 않고 어린아이들은 밭을 갈지 않게 되었다. 이 년이 지나자 시장에서 값을 에누리하지 않았고, 삼 년이 되자 밤에 문을 잠그는 일이 없어지고 길에서 떨어진 물건을 줍는 사람이 없었다. 사 년이 지나자 밭갈이하는 농기구를 집으로 가지고 돌아가지 않아도 되었고, 오 년이 지나자 척적(尺籍)[5]이 쓸모없게 되고, 상복을 입는 기간은 명령을 내리지 않아도 잘 지켜졌다.

자산이 정나라를 다스린 지 이십육 년 만에 죽으니, 장정들은 소리 내어 울고 노인들은 어린아이처럼 울면서 말했다.

"자산이 우리를 버리고 죽다니 백성들은 누구를 믿고 산단 말인가."

해설

정치란 어려운 것이다. 더구나 이해관계가 얽히고설켜 있어 백성들에게 좋은 평가를 받기는 참으로 쉽지 않다. 그런데 자산은 달랐다. 아랫사람을 다스림에 있어서 기본기를 충실히 다지고 백성들이 잘 살 수 있도록 정치를 했기에 이십육 년이라는 긴 세월 동안 나랏일을 맡다가 죽자 백성들이 대성통곡을 하지 않을 수 없었던 것이다.

---

5 사방 한 자 크기의 나무 판으로 군령을 기록함.

부유하면 덕을 행하여 베풀어야 한다

04

화식 열전

貨殖列傳

옛날 월나라 왕 구천은 회계산에서 고통을 겪으면서 범려와 계연(計然)[6]을 등용했다. 계연은 이렇게 말했다.

"전쟁이 있을 것을 알면 미리 방비해야 하고, 때와 쓰임을 알면 그때 필요한 물건을 알게 됩니다. 이 두 가지를 분명하게 알면 모든 재물의 실정을 알 수 있습니다. 세성(歲星: 목성)이 서쪽에 있으면 풍년이 들고, 북쪽에 있으면 수해가 발생하며, 동쪽에 있으면 기근이 들고, 남쪽에 있으면 가뭄이 듭니다. 가뭄이 든 해에는 미리 배를 준비해 두고, 수해가 있는 해에는 미리 수레를 준비해 두는 것이 사물의 이치입니다. 육

6 범려의 스승이다.

년마다 한 차례 풍년이 들고, 육 년마다 한 차례 가뭄이 들며, 십이 년마다 한 차례 흉년이 듭니다. 쌀값이 한 말에 이십 전이면 농민이 고통을 받고, 구십 전이면 반대로 상인이 고통을 받습니다. 상인이 고통을 받으면 상품이 유통되지 않고, 농민이 고통을 받으면 논밭이 황폐해집니다. 쌀값이 비싸도 팔십 전을 넘지 않고, 싸도 삼십 전 아래로 떨어지지 않게 하면 농민과 상인이 다 함께 이롭습니다. 쌀값을 안정시키고 물자를 고르게 유통시켜 관문이나 시장에 물건을 넉넉하게 하는 것이 나라를 다스리는 길입니다. 물자를 축적하는 원칙은 물건을 온전한 채로 보존하는 데 힘써야 하는 것이지 물화를 오래 쌓아 두는 게 아닙니다. 물자를 서로 교역하는 데 상하기 쉬운 것을 팔지 않고 남겨 두어서는 안 되고, 물건을 쌓아 두고 비싸질 때까지 오래 기다리면 안 됩니다. 물건이 남아도는지 모자라는지 살펴보면 그것이 비싼지 싼지를 알 수 있습니다. 비쌀 대로 비싸지면 헐값으로 돌아오고, 쌀 대로 싸지면 비싼 값으로 되돌아갑니다. 값이 비싸면 오물을 배설하듯이 내다 팔고, 값이 싸면 구슬을 손에 넣듯이 사들여야 합니다. 물건과 돈은 흐르는 물처럼 원활하게 유통시켜야 합니다."

이러한 방법을 실천한 지 십 년이 되니 나라는 부강해지고 병사들은 많은 상을 받게 되었다. 병사들은 목마른 사람이 물을 얻는 것처럼 적군의 화살과 돌을 향해 용맹스럽게 달려 나가고, 드디어 강한 오나라에 복수하여 중원에 병력을 떨치고 오패로 불리게 되었다.

범려는 회계산의 치욕을 씻고 나서 이렇게 탄식했다.

'계연의 일곱 가지 계책 중에서 월나라는 다섯 가지를 써서 뜻을 이

루었다. 나라에서는 이미 써 보았으니, 나는 이것을 집에서 써 보겠다.'

이리하여 그는 작은 배를 타고 강호로 다니다가 성과 이름을 바꾸고 제나라로 가서는 치이자피(鴟夷子皮)라 불렸고, 도(陶)로 가서는 주공(朱公)이라 불렸다. 주공은, 도는 천하의 중심으로 사방 여러 나라로 통하여 물자의 교역이 이루어지는 곳이라고 생각했다.

이에 장사를 하며 물자를 쌓아 두었다가 시세의 흐름을 보아 내다 팔아서 이익을 거두었는데 사람의 노력에 기대지는 않았다. 그러므로 생업을 잘 운영하는 사람은 거래 상대를 고른 뒤 자연의 시세에 맡긴다. 주공은 십구 년 동안에 세 차례나 천금을 벌었는데 그것을 두 번은 가난한 친구들과 먼 형제들에게 나눠 주었다. 이것이 이른바 "부유하면 그 덕을 즐겨 행한다."라는 것이다. 나중에 그는 늙고 쇠약해지자 일을 자손에게 맡겼다. 자손들이 가업을 잘 운영하여 재산을 늘려 거만금에 이르는 부자가 되었다. 그러므로 부를 말하는 사람은 모두 도 주공을 일컫는다.

● 해설 ●

부자가 사는 방식은 다양하다. 어떤 이는 죽기 전까지 돈을 악착같이 벌기만 하지만, 그것은 단수가 낮은 방식이다. 경제적 능력에 걸맞게 사회적 존경을 받으려면 돈을 제대로 쓰는 법을 알아야 한다. 말할 것도 없이, 베푸는 것이 제대로 쓰는 방식이다. 물론 이런 일이 자손 대대로 이어지면 사회적 존경은 그 깊이를 더해 가기 마련이다.

진나라 목공의 관용

05

진 본기
秦本紀

예전에 목공(穆公)이 좋은 말을 잃어버렸는데, 기산(岐山) 아래에 살던 야인들이 함께 잡아먹어 버렸다. 그 수가 삼백 명이 넘었는데, 관리가 그들을 쫓아가 잡아들여 법으로 처벌하고자 했다. 그러나 목공이 말했다.

"군자는 짐승 때문에 사람을 해쳐서는 안 되오. 내가 듣건대 좋은 말고기를 먹고는 술을 마시지 않으면 오히려 사람을 손상시킨다고 하오."

그러고는 모두에게 술을 내리고 그들을 사면해 주었다. 그들 삼백 명은 진(秦)나라가 진(晉)나라를 공격한다는 소식을 듣고 모두 뒤따르겠다고 청했다. 그러다가 목공이 포위당한 것을 보자, 모두 무기를 들고 필사적으로 싸워 말을 먹은 은덕에 보답했다. 이에 목공은 진(晉)나라 군주를 포로로 잡아 돌아와서는 나라에 영을 내려 말했다.

"재계하고 쉴지어다. 내가 장차 진(晉)나라 군주를 제물로 상제께 제사 지내리라."

해설

대지가 만물을 품을 수 있는 이유는 어떤 생물도 가리지 않는 관용의 정신이 있기 때문이다. 목공이 민심을 얻어 치국에 성공한 것도 배려할 줄 알았기 때문이다. 진시황을 도와 천하경영론을 펼친 이사도 진시황에게 올리는 〈간축객서(諫逐客書)〉에서 "태산(太山)은 흙 한 줌도 양보하지 않으므로 그렇게 높아질 수 있었고, 하해(河海)는 작은 물줄기 하나도 가리지 않으므로 그렇게 깊어질 수 있었습니다."라고 했다. 모든 것을 수용할 수 있는 포용력과 관용의 마음이 중요한 이유다.

자신보다 백성을 먼저 헤아린 성군의 마음

06

효문 본기

孝文本紀

◉ [한나라 효문(孝文) 황제가 다스리던 후원(後元) 6년이었다. 이해 겨울, 북방의 오랑캐인 흉노들의 침입이 잦아졌다.]

[게다가] 천하에 가뭄이 들고 명충(螟蟲)[7]의 피해가 있었다. 황제[효문제]는 은혜를 베풀어 제후들에게 조공을 바치지 말고 산과 못[의 이용 규제]을 풀고 [황실의] 각종 복식과 거마, 개와 말 같은 애완물을 줄이고 황제를 모시는 관리의 숫자를 줄였으며, 창고를 열어 가난한 백성을 구제하고 백성들이 작위를 팔 수 있게 했다.

황제가 대(代)나라에서 [수도로] 와서 자리에 오른 지 스물세 해가

---

7 '이화명나방'을 가리킨다.

되었으나 궁실과 원유(苑囿)[8], 개와 말, 의복, 거마가 늘어난 것이 없고,[9] 불편함이 있으면 즉시 법령을 느슨하게 해 백성들을 이롭게 했다. 일찍이 노대(露臺)[10]를 지으려고 목수를 불러 비용을 계산하게 했는데, 황금 일백 근이 든다고 했다. 그러자 황제가 말했다.

"황금 일백 근이면 중류층 열 집의 재산이다. 나는 선제들의 궁실을 받들면서 항상 누가 될까만 걱정하는데 무엇 때문에 새로 노대를 짓겠는가!"

황제는 항상 수수한 옷을 입었다. 또한 총애하던 신 부인(愼夫人)에게 옷을 땅에 끌리지 않게 하고 휘장을 수놓지 못하게 해 마음이 돈후하고 소박한 것을 나타냄으로써 천하의 모범이 되게 했다. 또한 패릉(覇陵)[11]을 지을 때, 모두 와기(瓦器, 토기)를 사용하게 하고 금, 은, 구리, 주석으로 장식하지 못하게 하고 분묘를 높이 올리지 못하게 했는데, 이는 비용을 줄이고 백성을 번잡하게 하지 않으려 함이다. 남월왕(南越王) 위타(尉佗)가 스스로 자리에 올라 무제(武帝)가 되었을 때, 황제가 위타의 형제를 불러서 덕으로 되갚으니 위타는 결국 황제의 호칭을 버리고 신하를 칭했다. 화친을 맺었던 흉노가 약속을 저버리고 도적질하러 쳐들어왔을 때에도 변경 관원에게 수비만 하고 병사를 파병해 깊숙이 들어가지 못하도록 했는데, 이는 백성들이 고생하고 번거로울 것을 꺼렸던 까

8 동물을 기르는 동산.
9 효문 황제의 검소함을 보여 주는 장면이다.
10 노천의 누대.
11 효문 황제의 능묘.

닭이다. 오왕이 거짓으로 병을 핑계로 조회에 나오지 않았을 때에는 즉시 궤장(几杖)[12]을 내렸다. 신하들 중 원앙 같은 이들은 진언할 때마다 칼로 써는 것 같았지만 황제는 한결같이 관대하게 그 의견을 받아들였다. 또 신하들 중 장무(張武) 등은 뇌물을 받거나 금돈을 주다가 발각되었는데도 황제는 오히려 왕실 창고에서 금돈을 꺼내 그들에게 내려 그 마음을 부끄럽게 했을 뿐 법을 집행하는 관리에게 넘기지 않았다. 오로지 덕으로써 백성들을 교화하는 데 힘썼으니, 이 때문에 전국은 재물이 넉넉하고 번영했으며 예의가 일어났다.

해설

효문제는 고조 유방의 넷째 아들이다. 고조의 여덟 아들 중에서 장남인 유비를 제치고 넷째인 그가 제위에 오르게 된 것은 무엇보다 어진 마음과 덕망을 갖추었기 때문이다. 효문제는 23년간 한나라를 다스렸다. 그는 백성들과 더불어 일하고 쉰다는 정책을 취하고 어짊과 절약을 몸소 실천했다. 또한 백성들의 게으름에 관심을 기울이고 세금 감면, 형벌 감면 등을 원칙으로 하는 덕치를 실시해 나라를 안정시켰다. 이렇게 백성들의 삶을 돌본 성군이었기에 백성들은 그를 잘 따랐다. 사마천은 효문제의 덕정을 강조하면서 자신의 정치 이상을 분명하게 드러냈다.

---

12 황제가 나라에 공이 많은 늙은 대신에게 하사하던 궤와 지팡이.

찾아보기

새로운 세대를 위한 사기

미래를 준비하는 당신에게 권하는 인간학의 고전

1판 1쇄 발행일 2017년 3월 6일
1판 3쇄 발행일 2021년 10월 11일

지은이 사마천
엮어 옮긴이 김원중

발행인 김학원
발행처 (주)휴머니스트출판그룹
출판등록 제313-2007-000007호(2007년 1월 5일)
주소 (03991) 서울시 마포구 동교로23길 76(연남동)
전화 02-335-4422 **팩스** 02-334-3427
저자·독자 서비스 humanist@humanistbooks.com
홈페이지 www.humanistbooks.com
유튜브 youtube.com/user/humanistma **포스트** post.naver.com/hmcv
페이스북 facebook.com/hmcv2001 **인스타그램** @humanist_insta

편집주간 황서현 **기획** 이보람 **편집** 남미은 **디자인** 민진기디자인
조판 홍영사 **용지** 화인페이퍼 **인쇄** 청아디앤피 **제본** 정민문화사

ISBN 979-11-6080-009-8 03910

• 이 책은 2010년 5월 24일 초판 발행된 《김원중 교수의 청소년을 위한 사기》의 개정판입니다.